Adolphe 1

Une officine royale de falsifications

Histoire

 Le code de la propriété intellectuelle du 1er juillet 1992 interdit en effet expressément la photocopie à usage collectif sans autorisation des ayants droit. Or, cette pratique s'est généralisée dans les établissements d'enseignement supérieur, provoquant une baisse brutale des achats de livres et de revues, au point que la possibilité même pour les auteurs de créer des œuvres nouvelles et de les faire éditer correctement est aujourd'hui menacée. En application de la loi du 11 mars 1957, il est interdit de reproduire intégralement ou partiellement le présent ouvrage, sur quelque support que ce soit, sans autorisation de l'Éditeur ou du Centre Français d'Exploitation du Droit de Copie , 20, rue Grands Augustins, 75006 Paris.

ISBN : 978-3-96787-117-3

10 9 8 7 6 5 4 3 2 1

Adolphe Lanne

Une officine royale de falsifications

Histoire

Table de Matières

PRÉFACE 7

LE CACHET DE LOUIS XVI 13

LE RÉCIT D'UNE SŒUR 38

PRÉFACE

Si vous n'aimez que l'histoire académique, telle qu'elle s'écrivait au début de ce siècle, ne lisez pas ce livre : il n'est pas votre fait.

Si vous avez la manie de l'inédit, si vous estimez que l'historien ne doit prendre la plume que pour mettre au jour des documents nouveaux et inconnus, ne le lisez pas davantage.

Certains écrivains, parce que le hasard leur aurait livré la comptabilité de l'apothicaire du Temple, se targueraient d'avoir inauguré des vues nouvelles en histoire. M. Lanne n'ambitionne point leur rôle. Il sait mieux que personne combien on a abusé de ces prétendues exhumations d'inédits et combien de fois on a dupé les lecteurs en plaçant sous leurs yeux, sous prétexte de documentation inconnue, des fatras de papiers qui n'ajoutaient rien à ce que l'on avait su de tout temps.

M. Lanne apporte infiniment mieux que tout cela : un esprit d'analyste à la Taine lui permet de rénover des textes déjà connus par une dissection minutieuse, par la comparaison de détails en apparence infimes que tout le monde avait lus évidemment, mais que personne n'avait relevés et, de la sorte, il arrive à la solution de certains problèmes et à des conclusions que nul n'avait émises.

Au cours de travaux de longue haleine, dont l'ensemble nous sera sans doute prochainement livré, M. Lanne fut amené à étudier plus spécialement la physionomie complexe plus que sympathique de Louis XVIII.

Ses recherches au sujet de ce personnage se concentrèrent sur deux points spécialement : la légende de la remise du cachet de Louis XVI au comte de Provence et la genèse de ce singulier Récit d'une sœur qu'est la relation de Madame Royale.

Ainsi, deux fois, M. Lanne put prendre sur le fait de son fonctionnement ce qu'il appelle l'*Officine royale de falsifications*.

Le mot, dira-t-on, est gros. D'accord, mais la chose est bien plus grosse.

C'est une curieuse histoire que celle du cachet de Louis XVI. La version de Louis XVIII est, au premier abord, absolument invraisemblable pour quiconque sait quels sentiments Marie-Antoinette professait pour son beau-frère, mais le vrai est souvent invraisemblable et si l'on surmonte une fois la répugnance instinctive qu'elle éveille, il faut avouer que la trame a été soigneusement ourdie.

Des esprits très déliés, tel M. Paul Gaulot, y ont été pris. Le dossier de Jarjayes l'a tout à fait aveuglé. M. Lanne est, cependant, croyons-nous, judicieusement demeuré sceptique, car, comme il le dit, la preuve du mensonge calculé et concerté devient évidente à l'examen des textes. Cependant nous différons d'opinions sur quelques points, et, pour exposer ces divergences, bien que l'historien de l'*Officine royale de falsifications* ait fort bien raconté cette légende, il nous permettra d'ajouter quelques traits à son récit.

Cléry n'est pas, en effet, le seul contemporain qui ait parlé du cachet et de l'anneau de Louis XVI. Dès le lendemain même de l'exécution du roi, un écrivain royaliste s'exprimait ainsi :

« Louis avait disposé tout ce qu'il voulait qu'on rendît à sa famille : il lui adressait ces petits paquets de cheveux de son épouse, de ses enfants et de sa vertueuse sœur qu'il semblait conserver avec soin ; il renvoyait à son épouse un diamant sur lequel étaient leurs noms, un cachet d'argent[1]... »

Le diamant, que signale en 1793 Windtsor, n'est pas tout à fait l'alliance qu'indiquera Beauchesne ; de même, quand en 1798 les *Mémoires* de Cléry — ceux qu'il a désavoués[2] — paraîtront à Londres, ils parleront d'une *bague* et copieront mot pour mot la description publiée dans le *Journal de Perlet*, d'après un procès-verbal de la Commune de Paris.

Mais, entre ces deux dates (1793-1798), il est reparlé du cachet par quelqu'un qui le signale comme aux mains de Louis XVIII avant 1796. Voici ce témoignage.

En 1794, un certain abbé Pierre d'Hesmivy d'Auribeau publia à Rome le premier volume d'un ouvrage très diffus, qui portait le titre de *Mémoires pour servir à l'histoire de la persécution française, par un Français toujours fidèle aux lys de saint Louis et de Henri IV.*

L'année suivante, il en donnait le second volume. Cet écrivain sollicitait l'appui pécuniaire des émigrés de tous les rangs. À la suite de cette publication, Madame Adélaïde l'appela auprès d'elle à Rome, sous prétexte de se perfectionner dans la langue latine. L'abbé d'Hesmivy d'Auribeau demeura près d'elle jusqu'à ce qu'elle quittât Rome en mai 1796 et recueillit ses confidences sur certains points.

PRÉFACE

En 1814 il paraissait un ouvrage dont voici le titre compliqué : *Extraits des ouvrages de l'auteur des Mémoires pour servir à l'histoire de la persécution française par un Français toujours fidèle aux lys de saint Louis et de Henri IV*, et page 104 du tome I, on lisait ce qui suit : « Nous avons contemplé avec le plus vif attendrissement la première empreinte du cachet du Roi-Martyr, qui rappelle tant de douloureux souvenirs, et dont Monseigneur le Régent, *qui n'en avait d'abord été que le dépositaire pour le jeune Roi son neveu, après la mort de la Reine, devint le propriétaire légitime* (I), en succédant à Louis XVII sur le trône de Charlemagne et de saint Louis. La tante aînée de Sa Majesté voulut bien favoriser l'auteur, de ces lys des Bourbons (hélas ! en cire de deuil), gravés, pour la première fois, de la main du nouveau monarque, et accompagner un si précieux gage de la protection royale, qu'il conserve avec la plus religieuse vénération, de ces paroles qui retentiront à jamais dans le fond de son cœur : « L'abbé, vous le présenterez de ma part au Roi mon neveu quand il sera remonté sur son trône. »

Et en renvoi (I), les *Extraits* ajoutent que les expressions soulignées sont celles qu'« emploie Louis XVIII dans sa lettre à Madame Adélaïde ».

Ainsi le manuscrit d'Hesmivy d'Auribeau, publié en 1814, nous fournit ce renseignement qu'entre juin 1795 et mai 1796, date de sa dernière entrevue avec la princesse, il avait reçu d'elle une empreinte du cachet royal et pris communication d'une lettre de Louis XVIII à sa tante dans laquelle *le Roi* affirmait avoir été dépositaire du cachet *après la mort de la Reine*.

Mais, en ce cas, comment se fait-il que Louis XVIII ait prétendu ensuite avoir reçu ce cachet *avant* la mort de la Reine, car s'il ne l'a eu qu'après, les mots, d'ailleurs si vagues, « l'autre gage de leur amitié, de leur confiance », de la lettre à M. de Jarjayes datée du 14 mai 1793, ne s'appliqueraient plus au cachet « symbole de la royauté ».

Voici ce que nous révèle naïvement ce bon abbé d'Hesmivy d'Auribeau, l'obligé reconnaissant de Mgr de La Fare, évêque de Nancy, chargé d'affaires de Louis XVIII dans les papiers de qui, dit-on, sa famille possède la preuve que Louis XVII vivait en pleine Restauration. Convaincu, sur les affirmations qui lui étaient données, que Louis XVII était mort au Temple en juin 1795, il a considéré le cachet comme une investiture qui transformait le régent de la veille

9

en roi.

Louis XVIII n'avait sans doute pas encore songé en 1795 à utiliser sa correspondance avec M. de Jarjayes : on n'osa, d'ailleurs, la produire complètement qu'après la mort du général, et il ne mourut qu'en 1822. Malheureusement pour le système de Louis XVIII, M. de Jarjayes a écrit autre chose que le rapport qui a été, paraît-il, brûlé au Palais de Justice en 1871 dans le cabinet de M. Zangiacomi : c'est sa correspondance avec Fersen.

Mais, avant tout, résumons l'historique véritable du cachet.

Louis XVI est exécuté le 21 janvier 1793. Dans l'après-midi de ce jour, la Reine qui sait que Cléry a reçu pour elle les derniers adieux du Roi réclame sa présence avec une insistance qui le rend suspect. Il est mis en arrestation, reçoit défense de communiquer avec les femmes de la famille royale et l'on sursoit sur sa demande de remettre à Marie-Antoinette l'anneau, le cachet et les cheveux. Le 28 février, le Conseil général de la Commune de Paris, qui avait toléré sa présence au Temple, décide son expulsion et, le 2 mars, on lui donne deux heures pour quitter la place. Tout ce dont il est dépositaire lui est repris à sa sortie et le dépôt est mis sous scellés et placé dans l'appartement qu'avait occupé le Roi.

Or que se passe-t-il exactement le 2 mars ? C'est le jour où la Reine adresse son billet d'adieux à Jarjayes. Quand il envoie un an plus tard ce billet à Fersen, — la copie qui se trouve dans les papiers de celui-ci en fait foi, — il le date du 2 et dit qu'il lui a été adressé au moment même où il allait partir. M. de Klinckowstrom, qui l'a publié, hésite entre la date de *mars* ou d'*avril*, mais il constate que sur la lettre de Jarjayes à Fersen datée du 18 février 1794, Fersen a noté 25 mars 1793, ce qui ne peut s'entendre que de la lettre que lui envoyait Jarjayes par le courrier de M. de Trévor.

Le problème se réduit donc à ceci : Si c'est le 2 mars qu'on a mis le cachet, l'anneau et les cheveux sous scellés, il est impossible qu'*avant cette date* Toulan ou Fidèle, comme l'appelle la Reine, ait pu s'emparer de ces objets.

Comme on a senti que cette affirmation serait absurde, on a retardé à avril l'arrivée en Piémont de M. de Jarjayes. Les explications que donne à ce sujet M. Maxime de La Rochetterie ont leur mérite. Sans faire attention que Barnave a été arrêté le 19 août 1792 et transféré à Paris seulement en novembre 1793, il prétend que c'est à cause de cette arrestation de Barnave et pour éviter d'être confronté avec lui que M. de Jarjayes a quitté si brusquement Paris. C'est que, comme M. de Klinckowstrom, il a voulu lire *Barnave* là où M. de Jarjayes a seulement écrit B...

Relisons maintenant cette lettre du 18 février 1794. Elle contient beaucoup de renseignements sur la situation pécuniaire de M. de Jarjayes et il demande à Fersen de s'employer pour lui auprès de M. de Mercy. « Si, dit-il, M. de Mercy se bornait à me mander que ses rapports ne lui permettent pas de s'employer pour mon ami et pour moi et qu'il me devînt impossible de quitter l'Italie, quelle devrait être alors ma conduite relativement à la commission dont j'ai été chargé auprès de lui ? Celle à qui j'en devais compte n'est malheureusement plus, il est vrai ; mais son fils existe et ce fils a des représentants ; quel est celui auquel je devrais remettre cet écrit que le sort de la guerre peut faire tomber, ainsi que mes autres papiers, entre les mains du gouvernement dans lequel je me trouve ? Je ne ferai rien à cet égard, quelle que soit la réponse de M. de Mercy, sans vous avoir consulté... »

Ce n'est vraiment pas là le langage de l'homme qui aurait transmis le « symbole de la royauté » au comte de Provence ; il saurait, en ce cas, où trouver un représentant du Roi ; il a pu porter un souvenir de famille, mais il n'a pas abdiqué ses méfiances vis-à-vis du Régent.

Que Toulan ait dérobé les objets précieux dont Cléry avait été le dépositaire avant leur mise sous scellés, le fait n'est pas douteux, mais il n'a pu se produire que postérieurement au départ très précipité de M. de Jarjayes. La dénonciation de Tison est du 19 avril, la perquisition au Temple du 20 avril. Ce n'est qu'à ce moment que l'on découvrit le vol commis et, le 24 avril, le Conseil général de la Commune de Paris « voulant qu'il ne reste aucun effet à l'usage du défunt Capet capable d'exciter *la cupidité des amateurs des reliques de la royauté*, arrêta que tous les objets d'or et d'argent, contenus dans ce dépôt, seraient fondus et convertis en lingots en présence des commissaires et du secrétaire-greffier ».

Le cachet et l'anneau n'ont pas été compris dans cette fonte et dans ce brûlé, comme on disait alors ; ils ont échappé à la destruction. Il n'en est pas parlé dans le procès de Toulan, ce qui prouve qu'on ignorera toujours qu'il eût joué un rôle dans leur disparition.

Ce ne fut, d'ailleurs, nous l'avons dit après M. Lanne, que postérieurement à 1822 que la légende du cachet fut complètement formée. Il y avait, cependant, quelqu'un qui ne la pouvait accepter. C'était la duchesse d'Angoulême. Elle savait que les reliques royales avaient été enlevées par Toulan. Elle savait que Toulan avait été exécuté en 1794. Elle espérait qu'il avait pu confier à quelqu'un, avant de périr, les objets dont la Reine avait désiré la conservation. Il est plus qu'étrange que jamais Louis XVIII, qui avait cependant relu, corrigé et recopié les souvenirs de sa nièce, n'eût songé à lui dire, par exemple, ce qu'il avait dit à Cléry en lui montrant le cachet : « Le reconnaissez-vous ? » Alors surtout qu'il avait à montrer en même temps à sa nièce le billet collectif d'envoi que sa nièce avait signé, pour elle et pour son frère, en même temps que sa mère et sa tante.

Or, si Louis XVIII n'eut jamais cette explication avec Madame Royale, c'est que, sachant l'excellente mémoire de celle-ci, il ne pouvait espérer lui faire admettre que l'envoi de la Reine comprît le cachet et l'anneau.

Il lui avait, cependant, arraché plus d'une concession et la deuxième étude de M. Lanne nous révèle le savant maquillage qu'ont subi les *Souvenirs du Temple*. Le lecteur y appréciera toutes les qualités de fine critique que nous avons signalées chez cet historien, trop longuement peut-être pour ajouter un mot de plus à cette préface.

Albert SAVINE.

Notes

1. Antoine Vérité Windtsor. *Agonie et mort héroïque de Louis XVI, roi constitutionnel des Français, condamné au dernier supplice par jugement de la Convention républicaine de France.* À Paris, chez Cromwel, au Palais de l'Égalité, 1793, p. 47.

2. Je dis désavoués mais non apocryphes, car je les crois altérés par la plume d'un des blanchisseurs de Cléry mécontent..., peut-être parce qu'il n'était pas passé à Blankenbourg en se rendant en Angleterre.

LE CACHET DE LOUIS XVI

Il n'y a pas de petits faits en histoire, ou, du moins, il n'y a pas de faits négligeables.

Dans une instruction judiciaire, il arrive souvent qu'après qu'on s'est fourvoyé pendant un temps sur de fausses pistes, signalées par des indices trompeurs, un détail banal, un mot en apparence insignifiant, jettent tout à coup un rayon de lumière et font apercevoir le fil conducteur qui assurera la direction des recherches et guidera jusqu'au point d'où se peut découvrir, dans tout son enchaînement, l'ensemble de l'affaire.

L'histoire est une instruction perpétuellement ouverte et toujours sujette à révision. La rectification d'une erreur sur un incident trop facilement admis comme n'ayant qu'une portée anecdotique peut changer la physionomie de toute une série de faits qui en découlent ou s'y rattachent. Et si le principe de cette erreur est découvert dans une fraude ou un mensonge d'un des personnages justiciables de ces assises permanentes, les conclusions à porter sur les mobiles des actes et sur les responsabilités s'en trouvent grandement modifiées. Il peut en résulter que le secret d'un règne se dévoile, que la vérité de toute une époque apparaisse sous un jour nouveau.

C'est à ce titre qu'il a paru intéressant de révéler une supercherie du prétendant qui finit par accéder au trône sous le nom de Louis XVIII. On ne trouvera ici qu'un exposé purement documentaire établissant le fait de la fraude. Peut-être n'aidera-t-il pas seulement à mieux préciser les traits de cette figure historique si étrange, mais pourra-t-il servir à pénétrer les mystères assez graves pour avoir rendu nécessaires des combinaisons fallacieuses, aussi minutieusement machinées et poursuivies avec tant de persévérance.

Voici en quels termes peuvent être résumés les récits publiés à propos du fait qu'il s'agit d'éclaircir.

Dans la matinée du 21 janvier, Louis XVI, redoutant pour lui-même et pour les siens les déchirements d'une dernière entrevue promise la veille à sa famille, appela Cléry et le chargea de remettre à son fils son cachet, à la Reine son anneau de mariage[1] et un petit paquet contenant des cheveux de Marie-Antoinette, de Madame Élisabeth, de Marie-Thérèse et du Dauphin. La Commune s'opposa à l'exécution de cette dernière volonté du roi et, par une délibération du 21 janvier 1793, confia provisoirement la garde de ces objets à Cléry. Celui-ci ayant quitté le Temple peu de temps après, la Commune se fit représenter le dépôt à lui confié et le fit mettre sous scellé.

Lorsque Marie-Antoinette eut définitivement repoussé les projets d'évasion qui lui furent successivement proposés, elle eut le désir d'avoir ces objets et s'en ouvrit à Toulan, dont elle avait éprouvé le dévouement. Toulan, avec son audace ordinaire, s'introduisit au lieu où ils étaient renfermés, rompit tranquillement les scellés et remit le tout à la Reine.

Puis, sur l'ordre de celle-ci, il transmit ces objets aux mains de M. de Jarjayes, qui les fit passer à Monsieur, avec des billets signés de tous les prisonniers du Temple.

Telle est la version universellement admise.

La première partie du récit est certainement vraie. Tous les témoignages à cet égard concordent et portent le caractère de la sincérité.

Il n'en est pas de même de la seconde partie. Et la preuve d'un mensonge calculé et concerté ressortira évidente de l'examen des textes qui vont être mis sous les yeux du lecteur.

L'édition du *Journal de Cléry* publiée dans la *Collection des mémoires relatifs à la Révolution française* (Paris, Baudouin frères, 1825) contient sur les dernières heures de Louis XVI les détails suivants :

J'habillai le Roi et le coiffai : pendant sa toilette il ôta de sa montre un cachet, le mit dans la poche de sa veste, déposa sa montre sur la cheminée, puis retirant de son doigt un anneau qu'il considéra plusieurs fois, il le mit dans la même poche où était le cachet… (p. 143).

Un peu plus loin se trouvent ces lignes :

À sept heures, le Roi sortit de son cabinet, m'appela et me tirant dans l'embrasure de la croisée, il me dit : « Vous remettrez ce cachet (1) à mon fils…, cet anneau (2) à la Reine ; dites-lui bien que je le quitte avec peine… Ce petit paquet renferme des cheveux de toute ma famille, vous le lui remettrez aussi… » (p. 143).

LE CACHET DE LOUIS XVI

Le premier renvoi (1), au mot cachet, porte cette note :

Étant parti de Vienne pour me rendre en Angleterre, je passai à Blankenbourg, dans l'intention de faire hommage au Roi de mon manuscrit. Quand ce Prince en fut en cet endroit de mon journal, il chercha dans son secrétaire et me montrant avec émotion un cachet, il me dit : « Cléry, le reconnaissez-vous ? — Ah ! Sire, c'est le même. — Si vous en doutiez, reprit le Roi, lisez ce billet. » Je le pris en tremblant… Je reconnus l'écriture de la Reine, et le billet était, de plus, signé de M. le Dauphin alors Louis XVII, de Madame Royale et de Madame Élisabeth. Qu'on juge de l'émotion que j'éprouvai ! J'étais en présence d'un Prince que le sort ne se lasse pas de poursuivre. Je venais de quitter M. l'abbé de Firmont, et c'était le 21 janvier que je retrouvais dans les mains de Louis XVIII ce symbole de la royauté que Louis XVI avait voulu conserver à son fils. J'adorai les décrets de la Providence et je demandai au Roi la permission de faire graver ce précieux billet. J'assistai à la messe que le Roi fit célébrer par M. l'abbé de Firmont, le jour du martyre de son frère. Les larmes que j'y ai vu répandre ne sont point étrangères à mon sujet.

(Note de Cléry.)

Sous le renvoi (2), au mot anneau, se trouve cette autre note :

Cet anneau est entre les mains de Monsieur ; il lui fut envoyé par la Reine et Madame Élisabeth avec des cheveux du Roi. Un billet l'accompagnait (*).

(Note de Cléry.)

Enfin, l'astérisque (*) renvoie à une troisième note :

Le cachet, les billets, l'anneau précieux dont il est question dans ces notes, étaient parvenus entre les mains des Princes par le dévouement de M. de Jarjayes. Les mémoires de son ami, M. de Goguelat, contiennent la relation des services que ce sujet fidèle eut alors le bonheur de rendre à la famille royale. On trouvera dans la livraison le fac-simile*sic* des billets dont parle Cléry.

*(Note des nouveaux éditeurs.)*²

Un peu plus loin encore, on lit :

Les municipaux qui s'étaient approchés avaient entendu Sa Majesté et l'avaient vue me remettre les différents objets que je tenais encore dans mes mains. Ils me dirent de les leur donner, mais l'un d'eux proposa de m'en laisser dépositaire jusqu'à la décision du Conseil ; cet avis prévalut.

On ne trouve dans le *Journal de Cléry* aucun autre passage qui se rapporte à ce dépôt. Il n'a pas jugé à propos de faire connaître comment il était sorti de ses mains.

La Relation de Madame Royale, comprise dans le même recueil, fournit les renseignements suivants :

Dans l'après-midi (du 21 janvier), ma mère demanda à voir Cléry, qui était resté avec mon père jusqu'à ses derniers moments, pensant qu'il l'avait peut-être chargé de commissions pour elle. Nous désirions cette secousse pour causer un épanchement de son morne chagrin, qui la sauvât de l'étouffement où nous la voyions. En effet, mon père avait ordonné à Cléry de rendre à ma malheureuse mère son anneau de mariage, ajoutant qu'il ne s'en séparait qu'avec la vie ; il lui avait ensuite remis un paquet des cheveux de ma mère et des nôtres, en disant qu'ils lui avaient été si chers qu'il les avait gardés sur lui jusqu'à ce moment. Les municipaux nous apprirent que Cléry était dans un état affreux et au désespoir qu'on lui refusât de nous voir (p. 204).

On s'aperçut dans la chambre des municipaux que le paquet scellé où étaient le cachet du Roi, son anneau et plusieurs autres choses, avait été ouvert, le scellé cassé, les objets emportés. Les municipaux s'en inquiétèrent, mais ils crurent enfin qu'ils avaient été enlevés par un voleur qui savait que ce cachet aux armes de France était garni d'or. La personne qui avait pris ces objets était bien intentionnée, ce n'était pas un voleur (1) ; elle l'avait fait pour le bien, parce que ma mère désirait que l'anneau et le cachet fussent conservés à son fils. Je sais quel est ce brave homme ; mais, hélas ! il est mort, non par suite de cette affaire, mais pour une autre bonne action. Je ne puis le nom-

LE CACHET DE LOUIS XVI

mer, espérant qu'il aura pu confier ces objets précieux à quelqu'un avant de périr (p. 207).

Au renvoi (1) se trouve cette note :

Cet homme est Toulan, dont il a été question dans les mémoires de Cléry. L'anneau et le cachet furent envoyés à Monsieur, aujourd'hui Sa Majesté Louis XVIII. Voyez les mémoires de M. de Goguelat.
(Note des nouveaux éditeurs.)

Madame Royale place ce récit entre la demande faite par la Reine, à la fin de février, d'être autorisée à reprendre les promenades sur la Tour, et la sortie de France de Dumouriez. Le larcin aurait donc été effectué par Toulan dans le courant de mars 1793.

Enfin, pour ne rien omettre de ce qui, dans la Relation de Madame Royale, se rattache même indirectement à la question, il faut citer encore cette ligne :

Cléry passa encore un mois au Temple et fut ensuite élargi (p. 205) [3].

À la suite des Mémoires sur les événements relatifs au voyage de Louis XVI à Varennes, publiés par le baron de Goguelat, on trouve un petit opuscule, qui est une sorte de notice sur M. de Jarjayes, de laquelle il convient d'extraire les passages suivants, qui ont trait aux objets dont il s'agit :

La Reine, par ce refus héroïque (le refus de profiter d'une combinaison préparée pour son évasion), ayant consommé le sacrifice de sa vie, car sa perte était dès lors inévitable, il ne restait plus à M. de Jarjayes qu'une dernière preuve de dévouement à donner. Toulan, à l'aide d'une pieuse fraude, était parvenu à soustraire à la Commune le cachet de Louis XVI, son anneau, ainsi qu'un paquet renfermant des cheveux de tous les prisonniers du Temple. Le plus vif désir des princesses était que ces souvenirs tristes et chers à la fois fussent transmis par des mains fidèles à Monsieur, aujourd'hui régnant, et à Monseigneur le comte d'Artois. La Reine en chargea M. de Jarjayes.

Les princes français étaient alors à Hamm en Westphalie. M. de Jarjayes s'acquitta de la mission dont il était chargé avec autant d'exactitude que de succès ; il eut le bonheur de faire parvenir à Monsieur les précieux gages de tendresse que lui adressait sa famille. Son Altesse Royale les reçut avec un douloureux plaisir : elle daigna manifester sa satisfaction au général dans une lettre remplie des témoignages d'estime les plus flatteurs et les plus honorables dont puisse s'enorgueillir un serviteur fidèle. Cette lettre est datée de Hamm, le 14 mai 1793. On y remarque ces expressions touchantes :

« Vous m'avez procuré le bien le plus précieux que j'aie au monde, la seule consolation véritable que j'aie éprouvée depuis nos malheurs : il ne me manque que de témoigner moi-même, aux êtres plus chers que ma vie dont vous m'avez donné des nouvelles, combien je les aime, combien leur billet et l'autre gage de leur amitié, de leur confiance, ont pénétré mon cœur des plus doux sentiments. Mais je ne puis me flatter de tant de bonheur, et je suis bien sûr que si vous en connaissiez un moyen, vous me l'indiqueriez. J'aurais désiré vous voir pour vous parler de ma reconnaissance, m'entretenir avec vous des moindres détails des services que vous leur avez rendus. Mais je ne puis qu'approuver les raisons qui vous font rester en Piémont. Continuez à y servir notre jeune et malheureux Roi, comme vous avez servi le frère que je regretterai toute ma vie. Dites de ma part à M. de Jolly combien je suis satisfait de sa conduite et comptez tous les deux à jamais sur moi.

» Louis-Stanislas-Xavier. »

Une autre lettre, écrite par Sa Majesté, datée de Vérone le 27 septembre 1795, contient l'honorable assurance des mêmes sentiments à l'égard de M. de Jarjayes. Cet officier général était entré au service du roi de Sardaigne, qui l'avait pris pour son aide de camp.

Ce loyal serviteur a conservé ces lettres jusqu'à sa mort et les portait constamment sur son cœur. Elles sont maintenant entre les mains de sa respectable veuve, qui a bien voulu me les communiquer.

À côté des documents et des témoignages relatifs aux faits, il convient de présenter le casier des témoins, ou du moins quelques notes propres à faire apprécier leur caractère, leur situation respec-

LE CACHET DE LOUIS XVI

tive, leur intérêt particulier en face de la question dont il s'agit, et à donner enfin la mesure de la créance qu'il est raisonnable d'accorder à chacun d'eux dans les circonstances.

CLÉRY est le témoin principal en faveur de la version accréditée.

Si on le soumettait à l'interrogatoire ordinaire, il serait obligé de faire connaître sa situation subalterne, résultant des fonctions qu'il a remplies auprès de l'ancien roi, les habitudes de déférence passive contractées dans ce service, et aussi les obligations de gratitude et d'intérêt qui, plus tard, l'ont placé dans une certaine dépendance vis-à-vis du prétendant.

Quant à sa moralité personnelle, la Relation de Madame Royale contient quelques lignes qu'il est nécessaire de citer. Après avoir raconté que Cléry avait été appelé un jour (vers le mois de novembre 1792) devant le tribunal révolutionnaire pour être confronté avec un municipal accusé d'intelligences avec lui, elle ajoute :

Mon père demanda qu'il revînt ; les municipaux l'assurèrent qu'il ne reviendrait pas ; cependant il fut de retour à minuit. Il demanda au Roi pardon de sa conduite passée, dont les manières de mon frère, les exhortations de ma tante et les souffrances de mes parents le firent changer ; il fut depuis très fidèle.

Deux observations sont ici nécessaires :

La première est que l'incident qui avait donné lieu à la citation de Cléry devant le tribunal est relaté de façon très différente par Cléry lui-même et par Madame Royale.

La seconde est que la dernière phrase, relative aux fautes de conduite dont Cléry eut à demander pardon, avait été supprimée dans l'édition de 1817, et a été rétablie dans les éditions suivantes. Ce fut un des points sur lesquels Madame Royale tint à rétablir ce qui avait été coupé dans son manuscrit[4]. Il faut rapprocher ce fait de ce que nous apprend Beauchesne, qui fut honoré des communications particulières de la fille de Louis XVI : « Madame la duchesse d'Angoulême avait conservé quelque doute sur les dispositions du valet de chambre de son père lors de son entrée au Temple. Elle s'était persuadée, à tort selon toute apparence, qu'il avait d'abord été à la Tour un agent de la Révolution... Le respect de la princesse pour le

19

testament vénéré du Roi-martyr l'empêchait de s'exprimer publiquement sur le compte de Cléry ; mais ses idées, si bien arrêtées sur les hommes et sur les choses, étaient inflexibles à cet égard. »

Tout ceci prendra sa valeur, quand, après l'examen des pièces, on en viendra à la discussion.

Le baron de Goguelat, né en 1746, avait soixante-dix-neuf ans à l'époque où parurent les Mémoires dont un extrait est donné plus haut. « Entré fort jeune au service, il était, au début de la Révolution, attaché à l'état-major de l'armée ; il se fit remarquer par son dévouement exalté à la famille royale, acquit toute la confiance de la Reine et insulta de la façon la plus outrageante le duc d'Orléans, un jour que ce prince s'était rendu aux Tuileries, pour se réconcilier avec Louis XVI. » Aide de camp du marquis de Bouillé, on sait quelle fut sa conduite, peu habile peut-être, mais certainement très dévouée et très loyale, lors du voyage de Varennes. Arrêté et traduit devant la haute cour d'Orléans, il ne dut son salut qu'à l'amnistie qui fut proclamée à la suite de l'acceptation de la Constitution. Il reprit alors sa place parmi les défenseurs de la famille royale et combattit au 20 juin et au 10 août. Il fut ensuite chargé par le Roi d'une mission de confiance auprès de ses frères : il a raconté lui-même (mais cette relation ne se trouve pas dans les Mémoires cités plus haut…) l'insuccès de ses démarches et les tentatives de séduction faites par le comte de Provence pour le détacher du service du Roi et l'enrôler dans son propre parti. Après la mort de Louis XVI, il passa en Autriche, où il prit du service. À la Restauration, il fut nommé maréchal de camp, puis lieutenant-général, mais fut mis à la retraite dès 1819.

« Le général Goguelat, dit Michaud, était un militaire très brave, mais de peu de capacité. »

Régnier de Jarjayes, né en 1745, était dès 1791 maréchal de camp et directeur adjoint du dépôt de la guerre. Il avait épousé une des femmes de la Reine. Il ne se montra pas moins dévoué à la famille royale que son ami Goguelat. Il fut chargé d'une mission analogue à celle de Goguelat auprès du comte de Provence ; ce fut lui qui fut envoyé à Turin pour empêcher le prince de Condé de se mettre à la tête de l'insurrection ouverte par Lyon. Il fut aussi l'intermédiaire des relations qui s'établirent entre la Reine, Barnave, Duport et Lameth. Après la mort de Louis XVI, il avait pu pénétrer au Temple et arrêter avec la Reine, de concert avec Toulan et Lepitre, un plan d'évasion qui eût réussi sans les irrésolutions et les inquiétudes de Lepitre. Dans cette même année 1793, il prit du service en Sardaigne, où il fut nommé aide de camp du roi. Sous le Consulat, il rentra en France et devint vice-président des Salines de l'Est. Louis XVIII, à la Restauration, le fit lieutenant-général. M. de Jarjayes a toujours montré le caractère le plus loyal et le plus honorable. Il mourut en 1822, un an avant la publication de la note relative au cachet de Louis XVI, parue sous le nom de Goguelat.

MADAME ROYALE, la fille de Louis XVI, est une des figures les plus énigmatiques que l'on rencontre dans l'histoire. Les traits n'en pourront peut-être jamais être fixés avec certitude, car on reste déconcerté devant l'extraordinaire dissemblance de ses portraits ; et — chose étrange — aussi bien de ceux qui ont été tracés par les peintres et les graveurs, que de ceux qu'en ont donnés les écrivains de l'époque. Pour les fervents de la Restauration, elle est une héroïne et une sainte. La fille du Roi-martyr, sacrée par le malheur des siens et par ses propres infortunes, leur apparaît presque comme une créature surhumaine, entourée d'une sorte d'auréole céleste. Les sentiments qu'ils lui témoignent dépassent le respect et l'admiration, ils vont jusqu'à la vénération. Il semble que toutes les formules de louange épuisées leur laissent encore le regret d'une expression impuissante. Jamais le mot d'ange n'a été autant prodigué ; ange de grâce, ange de vertu, ange de douceur, ange de bonté, ange de dévouement ; cela prend la forme de véritables litanies. Pour les écrivains de l'opposition, elle est le mauvais génie de la France, l'implacable ennemie de tout progrès, la conseillère des mesures de rigueur. Ils l'accusent de dureté de cœur, de morgue, de mépris pour tout ce qui est au dessous d'elle, de fanatisme, d'esprit de vengeance, d'hypocrisie, de fausse dévotion, de fausse bonté, de fausse vertu. Les pamphlétaires vont jusqu'à rééditer contre elle les atroces calomnies sous le poids desquelles on a si cruellement accablé sa mère.

La vérité est certainement entre ces deux extrêmes ; mais à quel point intermédiaire peut-on la fixer ?

Ses qualités natives semblaient promettre la plus heureuse éclosion, si rien n'en venait arrêter le développement. Mais l'écroulement de tout ce qui avait entouré sa jeunesse, les désastres inouïs de sa famille, les deuils cruels qui l'avaient frappée, les rigueurs de la captivité, l'horrible compression d'une longue solitude, les amertumes de l'exil, avaient fait avorter l'épanouissement de tout ce qui aurait été fleur ou fruit et favorisé la croissance anormale de tout ce qui était sarment et frondaison stérile. Certains symptômes d'une fâcheuse sécheresse de cœur avaient déjà excité les inquiétudes de sa mère ; les épreuves auraient pu la tempérer et l'adoucir ; elles l'avaient, au contraire, endurcie à l'excès. Malheureuse orpheline ! abandonnée sans protection et sans soutien consolateur à toutes les horreurs de la réclusion et à toutes les épouvantes, pour ne pas défaillir dans la lutte incessante contre le désespoir, il lui avait fallu refouler tous les élans de son cœur et tous les tumultes de sa pensée, et armer son âme d'une cuirasse impénétrable. Qui oserait lui refuser quelque pitié si, par l'effet de cette contrainte et sous la pression de ces efforts continus, tous les germes de sensibilité, de générosité active, de puissance communicative, étaient morts étouffés à jamais ? Il en était résulté une espèce de difformité morale qui prête à sa physionomie cet aspect si étrange et si peu féminin. Cette apparence hybride peut seule donner quelque semblant de justesse à la boutade de Napoléon, affectant, par un esprit de dénigrement assez mesquin, de reconnaître en elle le seul homme de la famille ; car si elle était vraiment aussi peu femme que possible, on ne saurait, à part un réel courage, dont elle a fait preuve en diverses circonstances, lui attribuer aucune des qualités viriles. Son intelligence était sans portée, son esprit sans élévation, son caractère sans énergie ; son obstination n'était pas de la force de volonté, son entêtement n'était pas de la fermeté. Les deux passions qui paraissent avoir conservé en elle toute leur vitalité sont l'orgueil et l'ambition ; mais son orgueil était plutôt un gonflement de la vanité, et son ambition, qui s'est égarée plus d'une fois dans des combinaisons chimériques ou coupables, était sans grandeur et sans générosité ; sa dépendance vis-à-vis de son oncle n'avait pas le caractère d'une libre et franche soumission à la règle monarchique, ni même d'une naturelle et involontaire sujétion à la force invincible d'un ascendant supérieur, mais les allures d'un asservissement craintif à un joug accepté par surprise et subi avec une impatience douloureuse et incapable de révolte. En quelques circonstances, on la voit regimber, comme si elle voulait secouer ce joug qui l'opprime et la meurtrit ; mais, après un instant de timides efforts, elle retombe découragée et courbe la tête devant son dompteur. Et si parfois elle parvient à dérober quelque chose aux dures obligations de cette docilité, ce sera en recourant piteusement aux moyens qui sont ceux des esclaves et des enfants : la ruse et la dissimulation.

L'étude de la Relation qu'elle a publiée sur les événements arrivés au Temple en présente un exemple frappant.

Cette Relation a une histoire qui est assez curieuse.

Une première édition a paru en 1817, sous ce titre :

Mémoires particuliers, formant avec l'ouvrage de M. Hue et le *Journal de Cléry* une histoire complète de la captivité de la famille royale au Temple. (Mis en ordre et publiés par M. Audot, libraire. Paris, 21 janvier 1817.) In-8°.

L'ouvrage est annoncé comme un compendium définitif et officiel.

Dans ce recueil, la partie intitulée *Mémoires particuliers* ne porte pas de nom d'auteur, mais est précédée de cet avertissement :

Les Mémoires que nous offrons au public ne peuvent manquer de l'intéresser. Tout ce qui rappelle les vertus de Louis XVI, tout ce qui relate ses malheurs…

Indépendamment de l'intérêt général que doit faire naître tout ce qui peut nous apprendre quelques particularités sur la famille de nos rois, les Mémoires que nous publions présenteront cet autre attrait qu'ils pourront servir de complément aux ouvrages qui ont déjà paru sur le séjour de la famille royale au Temple. En effet, les seuls qui puissent inspirer une véritable confiance sont le *Journal de Cléry* et l'ouvrage de M. Hue. Mais M. Hue n'a pu voir les événements par lui-même que jusqu'au 8 septembre, et M. Cléry n'a pas poussé son journal au delà de la mort de son maître. Après cette époque, aucun témoignage oculaire ne nous instruit de ce qui s'est passé dans l'intérieur du Temple, et nous en sommes réduits à des rapports plus ou moins exacts. Il était donc bien intéressant de voir disparaître cette lacune, et c'est un objet que ces Mémoires remplissent parfaitement.

Mais quelle confiance, dira-t-on, méritent des récits dont on ne connaît pas l'auteur ? Nous avions prévu l'objection. Tout ce que nous dirons pour y répondre, c'est que, s'il nous était permis de laisser connaître l'auteur, nous n'aurions pas besoin de recommander le livre, il paraîtrait au dessus de tout éloge, et son prix n'aurait d'autre mesure que l'attachement des bons Français à la famille dont il décrit une partie des malheurs.

Toutefois, nous ajouterons que ces Mémoires ont été rédigés pendant et peu de temps après les événements ; que lorsqu'on jetait sur le papier les récits qu'on va lire, on était bien loin de prévoir qu'un jour ils seraient rendus publics et que d'autres qu'un petit nombre d'amis s'attendriraient à la description naïve des persécutions inouïes du plus vertueux des Rois et de la plus courageuse des Reines, et d'un enfant qui, dans un autre siècle, aurait porté dans son berceau les destinées heureuses de la France. Il ne faudra donc pas s'étonner si l'on trouve dans ces Mémoires quelques négligences de style : ces négligences attestent la vérité de la narration : aussi nous les avons respectées. N'ayant pas voulu faire un livre, mais seulement publier des mémoires, nous nous serions bien gardés de les faire disparaître.

Une chose qui ne peut manquer de frapper tout d'abord et d'exciter un certain étonnement, c'est la singularité de cette publication anonyme ou — pour mieux dire — semi-anonyme, où la personnalité de l'auteur est couverte d'un masque qui la désigne, au lieu de la cacher, et qui semble, par conséquent, n'avoir d'autre but que de la mettre, à la rigueur, à l'abri d'une responsabilité formelle.

Peut-on supposer que Marie-Thérèse ait jugé au dessous de sa dignité ou au dessus de sa modestie de faire œuvre d'écrivain et d'avouer un récit destiné à la publicité ? Ou peut-on croire qu'elle ait été retenue en raison de ce que ce récit rappelait le souvenir de discordes civiles ?

Évidemment telles n'ont pas été ses raisons. Car, dès 1796, presque aussitôt après sa sortie du Temple, elle avait remis à Weber une relation écrite par elle du voyage de Varennes ; et elle avait trouvé bon que Weber l'insérât dans ses Mémoires, en faisant connaître très expressément de qui il les tenait[5].

Il faut donc chercher un autre motif.

Quand, après avoir constaté cette première singularité de la forme impersonnelle adoptée, on en vient à relever les nombreuses singularités que présente le récit lui-même, on serait d'abord tenté de croire à une précaution prise en vue de tâter l'opinion, de voir jusqu'à quel point certaines affirmations, certaines réticences, certaines lacunes, même certaines invraisemblances et certaines contradictions, seraient acceptées, ou provoqueraient des remarques et des rectifications.

Mais, si l'on suit l'histoire de cette publication, on en arrive forcément à une conclusion beaucoup plus grave : c'est que Madame Royale a refusé, à cette époque, de la signer, parce qu'elle était faite malgré elle et que le texte en avait été tronqué et altéré.

Dans la préface de son ouvrage intitulé :

Mémoires historiques sur Louis XVII, dédiés et présentés à Madame la duchesse d'Angoulême (Paris, chez H. Nicolle, libraire, rue de Seine, 12), 1818,

Eckart s'occupe de cette publication et écrit ceci :

On reconnaîtra sans doute que nous n'avons rien négligé pour achever de mettre au jour tous les faits intéressants arrivés dans l'intérieur du Temple ; toutefois les détails affligeants et qu'on est cependant si empressé d'apprendre de la captivité de la famille royale ne seront peut-être entièrement connus que lorsque les véritables Mémoires recueillis par une MAIN auguste auront révélé ce qui se passait dans cette tour sur laquelle étaient fixés les regards de la France et de l'Europe entière. (Voir la note page xiij.)

Voici cette note xiij :

Il a paru, le 21 janvier 1817, des *Mémoires particuliers*, formant, *dit l'éditeur*, avec l'ouvrage de M. Hue et le *Journal de Cléry* l'histoire *complète* de la captivité de la famille royale à la tour du Temple.

Ces Mémoires ont été lus avec empressement, avec le respect dû à d'illustres infortunes et à la persuasion que les souvenirs douloureux qu'ils renferment ont été tracés par le témoin qui, seul, a survécu aux désastres de l'illustre famille.

Des personnes qui paraissent avoir obtenu la faveur de lire le manuscrit original de ces Mémoires, assurent que le récit y est toujours à la première personne, ce qui le rend plus vif, plus intéressant ; qu'au lieu de ces termes : *le Roi, la Reine, le Dauphin, Madame Élisabeth, etc.*, il y a : *mon père, ma mère, ma tante, mon frère, le petit*, expressions si douces et si touchantes ; quelques-unes de ces personnes regrettent surtout de ne point retrouver dans l'imprimé des détails qui se sont gravés dans leur mémoire en lisant le manuscrit original. Toutes s'accordent pour dire que la copie qui a servi à l'impression est inexacte et incomplète ; enfin elles appréhendent que la révélation inespérée des *Mémoires particuliers* ne prive à jamais de *Mémoires* plus étendus auxquels ils devaient servir de base…

Plus loin, le même Eckart (p. 337), parlant de documents remis par Turgy « *à l'auguste princesse* qui avait daigné l'appeler à Vienne », ajoute cette observation :

Ils étaient peut-être destinés, ainsi que d'autres matériaux, à donner plus de développements à des Mémoires que l'indiscrétion (nous adoucissons le mot) n'a révélés qu'en les altérant.

On ne saurait soupçonner Eckart d'avoir hasardé à la légère de telles déclarations et de telles récriminations dans un ouvrage « *dédié et présenté à Madame la duchesse d'Angoulême* ». À la façon dont il s'exprime, il est plus que probable qu'il a été lui-même au nombre des personnes qui ont pu comparer le texte original au texte tronqué. Dans tous les cas, en raison de l'*auguste* patronage qu'il a obtenu pour son livre, il est hors de doute qu'un écrivain aussi respectueux et aussi complaisant que lui ne se serait jamais permis de parler ainsi, s'il n'y avait été autorisé et même invité. Il faut donc, de toute nécessité, prendre ce qu'il dit comme impliquant, de la part de Madame Royale, la volonté de désavouer, quoique d'une façon timide et indirecte, une publication altérée et en même temps de manifester contre la contrainte qui l'empêchait de compléter et de corriger cette publication et de faire paraître une relation *plus étendue*.

Une simple remarque suffit d'ailleurs pour accuser d'une manière frappante avec quelle ampleur ont été opérées les suppressions.

Cette relation minutieuse, où sont consignés, jour par jour, presque avec la sécheresse d'un procès-verbal, les moindres incidents, s'arrête court, au moment où fut annoncée la mort du Dauphin. Et cet événement même, le dernier de cette lugubre tragédie, est rapporté dans des termes si brefs, si extraordinairement froids et impassibles, qu'ils donneraient une bien triste idée du cœur de Marie-Thérèse, s'il fallait y voir l'expression franche et spontanée des sentiments que devait lui inspirer la fin déplorable de cette victime innocente, de cet enfant charmant qui était son frère et son roi. Quelques lignes glaciales et voilà tout.

Si l'on constate ensuite le même phénomène d'indifférence, de froideur et de laconisme dans d'autres Mémoires où l'on s'attendrait à trouver une note émue et attendrie, dans les Mémoires de Mme de Tourzel, par exemple, il faut, à toute force, admettre qu'une volonté tyrannique a, pour des raisons d'un ordre particulier, imposé le retranchement de tout ce que le cœur, ou tout au moins le sentiment des convenances, avait nécessairement dicté à la sœur et à la gouvernante de ce malheureux enfant, qui, mort ou condamné à disparaître dans l'exil et l'obscurité, méritait dans tous les cas quelques mots de pitié et de regret.

Il est absolument inadmissible aussi que Madame Royale, qui, depuis la mort de Madame Élisabeth, n'avait plus pour remplir son journal que le récit de ce qui la concernait elle-même, puisque, d'après ses propres dires, elle était entièrement séparée et sans nouvelles de son frère, et qui n'en a pas moins continué à noter les moindres faits, les visites, quelquefois muettes, des municipaux et des membres des comités, ait clos sa narration à la date du 8 juin et se soit imposé le silence le plus complet sur la période où sa solitude a cessé, où les bruits du dehors ont pénétré dans sa cellule ; qu'elle n'ait rien voulu dire de ses entretiens avec sa dame de compagnie, Mme de Chantereine, de ses épanchements avec Mme de Tourzel, son ancienne gouvernante, avec Mlle de Tourzel, la compagne de son enfance, avec Mme de Mackau, Mme de Soucy, Mlle de Fillé et les autres personnes admises à la visiter ; qu'elle se soit abstenue de mentionner les lettres qui lui apportèrent alors des nouvelles, des encouragements, des espérances, des conseils, et les ingénieuses combinaisons de signaux mises en œuvre pour lui transmettre les témoignages d'intérêt et de dévouement d'amis fidèles ; qu'elle se soit enfin refusé d'indiquer quoi que ce soit des communications officielles et officieuses auxquelles donnèrent nécessairement lieu les négociations relatives à sa délivrance.

Tout cela cependant était d'un intérêt réel, non seulement pour les *bons Français* avides d'apprendre *quelques particularités sur la famille de nos rois*, mais pour l'histoire, réduite sur tous ces points à des *rapports plus ou moins exacts*. On est en droit de s'étonner que l'éditeur des Mémoires particuliers n'ait pas signalé cette *lacune* ; on est même fondé à supposer que le soin de la combler n'eût point effrayé son zèle, s'il eût pu le faire sans inconvénient. Et l'on conjecturera sûrement que la lacune n'existait pas dans l'original, mais qu'elle est l'œuvre de cet éditeur consciencieux, qui s'est vu forcé de supprimer toute cette partie du récit, par la trop grande difficulté sans doute de l'accommoder à l'orthodoxie de son évangile particulier.

Ici deux questions se posent :

Comment expliquer que la duchesse d'Angoulême n'ait pu empêcher une publication qui dénaturait son témoignage et froissait ses sentiments, et qu'elle se soit vue réduite à employer une voie détournée et presque humiliante pour exhaler un mécontentement contenu et glisser à la sourdine un timide désaveu ?

Comment expliquer, d'autre part, que non seulement ces Mémoires *plus étendus* dont Eckart était chargé de faire presque l'annonce n'aient jamais paru, mais que ce qui était *inexact, incomplet* et *altéré* dans la copie fournie pour la publication impersonnelle, n'ait pas été rétabli et rectifié dans les éditions subséquentes signées du nom de Madame Royale ? — Car, s'il n'est pas tout à fait juste de dire, comme Quérard, que la seule différence entre ces éditions consiste dans la substitution de l'emploi de la première personne à celui de la troisième ; si l'on constate même entre ces diverses éditions quelques différences ayant au fond une portée grave, — et tout à l'heure nous allons en signaler une, — il est manifeste que ces différences ne répondent pas aux suppressions importantes et aux altérations signalées par Eckart. Et l'on se trouve obligé de conclure que les « *véritables Mémoires, qui devaient seuls faire connaître les événements du Temple* », ont été définitivement sacrifiés.

Une seule réponse est possible : c'est que la duchesse d'Angoulême cédait à la tyrannie d'un pacte mystérieux, dont elle n'osait enfreindre les conditions ni encourir la sanction, soulageant mesquinement sa conscience par des protestations quasi clandestines et, plus tard, recourant à une sorte de supercherie pour essayer quelques rectifications subreptices. Or, quelle volonté pouvait imposer cette contrainte à la duchesse d'Angoulême, si ce n'était celle de Sa Majesté Louis XVIII ?

Il suffit d'ailleurs de relire avec attention l'avertissement placé en tête de l'édition de 1817, pour être entièrement convaincu que cette édition est l'œuvre personnelle de ce royal écrivain, et qu'il ne s'est fié qu'à lui-même pour le travail d'élagage et d'altération auquel il voulut soumettre le manuscrit, aussi bien que pour la rédaction de l'avis au lecteur. La rancune inassouvie d'un beau-frère haineux et jaloux a pu seule inspirer la perfide opposition des épithètes décernées à Louis XVI et à Marie-Antoinette. Et la liberté, tempérée de paternelle indulgence, avec laquelle sont signalées et excusées les négligences de style, constitue une dérogation si énorme aux habitudes de respect aveugle et d'adulation universellement observées par les écrivains royalistes de l'époque, qu'un oncle seul — un oncle couronné — a pu se permettre ce ton.

Qu'on ne s'étonne point de voir Louis XVIII s'arroger cette autorité de censeur et en exercer lui-même l'office. Ce fut en tout temps pour lui besogne coutumière de reviser de sa main, autant qu'il le put, les écrits relatifs aux événements de la Révolution, et surtout ceux ayant trait spécialement à la captivité de la famille royale. Il trouvait ainsi à satisfaire à la fois ses instincts dominants : son goût pour les moyens de basse police et ses prétentions littéraires et pédantesques.

« Il est positif, dit Quérard, que Louis XVIII a revu, corrigé et complété l'ouvrage de M. Hue intitulé : *Dernières années du règne de Louis XVI* (1814). »

Quant au *Journal de Cléry*, on va voir ce qu'il faut en penser.

Dès la première lecture, le récit de Cléry, à propos des faits qui nous occupent, cause une impression fâcheuse. Il s'en dégage une odeur de mensonge. Les singularités de ces notes successives dans la même page et au sujet du même fait, la tournure cauteleuse des termes employés dans la note supplémentaire des éditeurs pour emprunter l'autorité de Goguelat, tout cela inspire inévitablement la défiance.

Une fois l'attention éveillée par ces remarques, on ne peut s'empêcher d'être frappé de ce que Cléry, après avoir rapporté les circonstances du dépôt à lui confié par le Roi et de la commission qu'il en a reçue, l'ordre qui lui a été d'abord donné par les municipaux de leur remettre tous les objets qu'il a entre les mains, puis la mesure prise ensuite de l'en laisser provisoirement dépositaire jusqu'à la décision du Conseil, s'abstient de faire connaître quelle fut en définitive cette décision, se tait sur les circonstances dans lesquelles ce dépôt fut retiré de ses mains, garde un silence complet sur ce que lui-même a pu et dû savoir des incidents postérieurs, enfin ne dit plus un seul mot ayant trait à ce sujet.

Mais en admettant même ce qu'aurait d'étrange, dans tous les cas, cette narration laissée ainsi inachevée, on ne saurait tout au moins imaginer que, retrouvant plus tard ces reliques entre les mains de son nouveau roi, la pensée ne lui soit pas venue et ne se soit pas imposée à lui de dire ce qu'il savait directement et ce qu'il avait nécessairement appris des circonstances intermédiaires reliant le commencement à la fin. Il devient évident qu'on n'a le choix qu'entre deux hypothèses : ou bien ce qui manque dans le récit ne représente pas une lacune imputable au narrateur, mais une coupure faite après coup au moment de l'addition des notes ; — ou bien les notes sont des hors-d'œuvre fournis et imposés au narrateur en dehors des faits qu'il savait et voulait raconter.

Quand on relit ces notes après ces premières observations faites, l'étonnement grandit jusqu'à l'extrême.

Peut-on imaginer quelque chose de plus extraordinaire et de plus invraisemblable que ce dialogue entre le très hautain Louis XVIII, roi de France et de Navarre, et son très humble, très obéissant et très subalterne serviteur ? — « *Ah ! sire, c'est le même !* » Cette exclamation de Cléry est fort irrévérencieuse au fond, si elle n'est pas stupide. Mais que dire de la réponse du roi ? — « *Si vous en doutiez, lisez cette lettre.* » — Quoi ! le roi avait donc lieu de penser que Cléry pouvait en douter ! Et cette inquiétude était assez grave pour que Sa Majesté condescendît à appuyer son affirmation royale d'une justification matérielle !

Les termes dans lesquels sont exprimés ensuite les sentiments du fidèle serviteur ne sont pas moins remarquables : — « Ce SYMBOLE DE LA ROYAUTÉ *que Louis XVI avait voulu conserver à son fils…* » — « *J'adorai les décrets de la Providence…* » Et cette attention de souligner la coïncidence, évidemment préparée si elle n'est pas supposée, de la messe du 21 janvier ! Et surtout cette phrase étourdissante :

« ... *les larmes que j'y ai vu répandre* NE SONT PAS ÉTRANGÈRES À MON SUJET. » — Les larmes de Louis XVIII sur le martyre de son frère ! On ne conçoit guère Cléry, le témoin et le confident forcé des dernières pensées et des dernières préoccupations du roi trahi par les siens, osant écrire cette ligne, qui sous sa plume eût trop pris l'apparence d'une raillerie. Non, certainement, ces formules, bourrées de sous-entendus politiquement suggestifs, ne sont pas de lui. Les derniers mots surtout, qui laissent trop percer le sens dont on les a chargés, trahissent le rédacteur plus sûrement qu'une signature. Et l'on voit, aussi clairement que si Cléry l'eût avoué, que l'humble valet de chambre n'a pu se soustraire à l'honneur d'une auguste collaboration, qui s'est exercée, avec la même aisance royale, par la plume et par les ciseaux[6].

Reste le témoignage de M. de Goguelat. Le caractère de ce témoin lui donnerait incontestablement une grande valeur s'il déposait de faits directement connus de lui. Mais il n'en est pas ainsi : le nom du baron de Goguelat ne sert ici qu'à couvrir un témoignage attribué à M. de Jarjayes. Il serait alors nécessaire d'avoir une certitude sur deux points : M. de Jarjayes n'aurait-il pas été, au moment de son départ de France, dupe d'une fausse commission préparée par quelque affidé du comte de Provence ? Ou même, le récit publié sous l'autorité de son nom est-il vraiment de lui ? Et quand on aura examiné avec attention les termes de ce récit et les circonstances dans lesquelles il a été produit, il deviendra impossible de ne pas le juger manifestement apocryphe.

Il faut remarquer d'abord que M. de Jarjayes, chargé spécialement par la Reine de transmettre un dépôt précieux au comte de Provence, ne se serait pas acquitté en personne d'une commission ayant un caractère de confiance aussi marqué. Voici comment Eckart, un des historiens complaisants de la Restauration, explique ce fait assez extraordinaire : « Chargé en outre par Madame Élisabeth d'une mission pour la princesse de Piémont, M. de Jarjayes se rendit d'abord à Turin, où Sa Majesté sarde le retint, l'employa auprès de sa personne et voulut envoyer lui-même à Monsieur les dépêches des illustres prisonniers par un courrier extraordinaire. » Il y a dans ce fait d'un envoyé spécial se dispensant de s'acquitter lui-même d'un message de cette nature de la part de sa reine pour le frère de son roi, et d'un souverain étranger prenant sur lui de retenir cet envoyé et de se charger de ses dépêches, quelque chose de si singulier et de si contraire à tous les usages, — quelque chose de si invraisemblable par conséquent, — que le besoin de l'expliquer semble avoir préoccupé tous ceux qui ont entrepris de propager cette version. Les termes mêmes de la lettre qu'on donne comme ayant été écrite par le comte de Provence à M. de Jarjayes semblent dictés par cette préoccupation.

Ce qui n'est pas moins étonnant est ceci : que M. de Jarjayes, intimement lié de tout temps avec M. de Goguelat, ne lui aurait jamais montré ces lettres et que celui-ci n'en aurait eu communication qu'après la mort de son ami. Il est impossible d'interpréter autrement cette phrase de la relation publiée plus haut : « Ce loyal serviteur a conservé ces lettres jusqu'à sa mort et les portait constamment sur son cœur. Elles sont maintenant entre les mains de sa respectable veuve, qui a bien voulu me les communiquer. » Cette phrase implique même nécessairement que ce ne fut pas seulement la communication matérielle qui fut posthume : le baron de Goguelat se fût exprimé autrement si la confidence du fait auquel s'appliquent les lettres lui eût été faite par son ami de son vivant.

Ceci dit, il faut noter que la relation en question n'a paru que comme *supplément* aux Mémoires de Goguelat ; que ce supplément n'a été publié que *trois ans après la mort de Jarjayes* ; qu'au moment de cette publication si étrangement tardive, Goguelat, né en 1746, avait soixante-dix-neuf ans, et que, malgré tous les titres qu'il avait à la faveur, il avait été mis à la retraite dès 1819, ce qui permet de croire que ses facultés intellectuelles, assez médiocres naturellement, s'étaient affaiblies à l'extrême ; que Mme de Jarjayes, de qui émanait en réalité la communication, était une ancienne femme de chambre de la cour, d'un âge très avancé à cette époque, et peut, à ce titre, être doublement suspecte d'une complaisance aveugle et inconsciente.

Il faut noter aussi que la « note des nouveaux éditeurs », où il est fait mention de la mission de M. de Jarjayes, n'a été ajoutée que dans les éditions du *Journal de Cléry* postérieures au décès de M. de Jarjayes.

Le témoignage de Goguelat n'est donc pas de nature à corriger l'impression que donne celui de Cléry. Si Cléry apparaît comme un témoin récusable par son caractère et par sa dépendance, Goguelat apparaît comme éditeur et garant inconscient d'un autre témoignage, supposé pour suppléer à l'insuffisance du premier.

Dans tout ceci on pourrait encore ne voir que des présomptions, assez graves pour inspirer des doutes sur l'exactitude des récits consacrés, mais non des preuves décisives de leur fausseté.

La preuve décisive est formée par un troisième témoin, qu'on ne saurait récuser en la circonstance, attendu que sa situation, ses intérêts, ses habitudes de subordination, devaient le porter à ne pas contredire la version officielle. Ce témoin est Madame la duchesse d'Angoulême. Son démenti est formel, flagrant, et, par la façon dont il se produit, n'apporte pas seulement la preuve du mensonge, mais fait ressortir l'embarras dans lequel est perpétuellement resté l'auteur de ce mensonge en face de plusieurs témoins des faits, et par conséquent l'audace dont il lui a fallu user, et le sentiment de nécessité urgente qui soutenait cette audace.

Dans l'édition des *Mémoires particuliers* publiée en 1817 sans nom d'auteur et qu'Eckart dénonce comme gravement tronquée, le récit du larcin opéré par Toulan pour s'emparer des objets mis sous scellés se termine par ces mots :

Je sais quel est ce brave homme, mais, hélas ! il est mort, non par suite de cette affaire, mais pour une autre bonne action.

L'auteur des altérations (ce dernier trait désigne sûrement Louis XVIII) avait supprimé la phrase suivante, qui a été rétablie dans les éditions subséquentes, données par Madame Royale (éditions de 1823, Audot, Égron, Société catholique de Belgique ; — édition de 1825, Baudouin frères) :

Je ne puis le nommer, *espérant qu'il aura pu confier ces objets précieux à quelqu'un avant de périr.*

En présence d'une déclaration aussi claire, — aussi naïvement claire, — il n'y a pas de doute possible.

Il y a bien dans cette phrase quelques mots : les premiers, qui se ressentent de l'affectation, souvent assez maladroite, avec laquelle Madame Royale s'est efforcée de maintenir à sa relation l'apparence de notes écrites au Temple et livrées à la publicité sans retouches. Mais ici on n'en saurait tirer aucun argument contre la valeur du démenti infligé à la version propagée par Louis XVIII.

Or, ce démenti est complet.

Si en mars 1793, et, en tout cas, avant son arrestation, en avril 1793, Toulan avait pu remettre à la Reine les objets par lui dérobés, Marie-Thérèse ne pourrait, ni en 1823, ni en 1794 ou 1795, exprimer l'espoir *qu'il aura pu les confier à quelqu'un avant de périr*.

Si Marie-Antoinette avait éprouvé le besoin d'envoyer ces « *gages de son amitié et de sa confiance* » au beau-frère détesté, dont elle avait, dès longtemps, pénétré l'ambition, la jalousie et la haine, et qui venait, à ce moment même, de lui faire cette nouvelle injure de se proclamer régent au mépris de ses droits maternels, Marie-Thérèse ne dirait pas : « *Ma mère désirait que l'anneau et le cachet fussent conservés à son fils.* »

Si ce désir de témoigner à son ennemi intime des sentiments si contraires à la nature et même aux convenances avait été assez impérieux pour entraîner la veuve du roi décapité à contrevenir aux derniers vœux de son mari en dépouillant son fils du cachet qu'il avait voulu lui léguer — ce « symbole de la royauté » — et en se privant elle-même de l'anneau qu'il lui avait renvoyé comme un dernier gage de sa tendresse, Marie-Thérèse n'aurait pu l'ignorer et n'aurait pu non plus feindre de l'ignorer.

Si la Reine avait voulu joindre à cet envoi une lettre de sa main et avait obtenu de Madame Élisabeth et réclamé de ses enfants des billets pour augmenter la valeur de ce témoignage d'amitié et de confiance, Marie-Thérèse n'en aurait pas perdu le souvenir. Et l'on ne trouvera aucune raison pouvant l'empêcher de mentionner ce fait, autrement intéressant que beaucoup de ceux que contient sa narration ; encore moins trouvera-t-on une raison pouvant expliquer des mentions en sens contraire, et l'on n'apercevra aucun moyen d'équivoquer sur ces mots : « J'espère qu'il aura pu les confier à quelqu'un avant de périr », d'où il résulte si clairement que Madame Royale était encore, en 1823, à ignorer ce qu'étaient devenus ces objets.

Il faut donc, de toute nécessité, conclure que l'histoire du dépôt confié par la Reine à M. de Jarjayes pour être remis de sa part au comte de Provence est inventée de toutes pièces.

Il s'ensuit non moins nécessairement que les témoignages produits pour accréditer ce mensonge ont été ou surpris, ou achetés, ou fabriqués ; que les lettres d'envoi, ainsi que les lettres de remercîment à M. de Jarjayes, ont été supposées et que les fac-simile*sic* qu'on en a donnés sont purement et simplement des faux de la façon de Son Altesse Royale Louis-Stanislas-Xavier, qui fut ensuite Sa Majesté Louis XVIII.

Une autre conséquence s'impose : c'est que Madame la duchesse d'Angoulême put être tenue par son oncle dans l'ignorance d'une fable qu'il ne pouvait évidemment lui faire croire et qu'il lui fit l'honneur de ne pas oser lui demander d'accepter ; et que, dans son ignorance, elle a rétabli la phrase supprimée, dans le texte de sa narration, sans en comprendre la portée ; à moins qu'on ne suppose qu'elle a voulu, par ces quelques mots, faire passer tout doucement un témoignage contre une imposture qu'elle n'avait pas le courage de flétrir ouvertement.

Tout cela, dira-t-on, reste bien étrange. Et, devant la preuve faite de la supercherie, on demeurera stupéfait de n'en pas apercevoir le but et de voir tant de fourberie et d'audace employé, sans qu'un intérêt puissant apparaisse qui en explique la nécessité. Cet intérêt toutefois prendra une forme aux yeux de ceux qui ont pénétré le secret de la politique si pleine d'incohérences et de contradictions apparentes qu'adopta et suivit avec une ténacité remarquable cet extraordinaire restaurateur de la monarchie légitime que fut Louis XVIII.

Comme un débris fossile suffit pour déterminer la forme, la structure et l'organisme d'un mammouth antédiluvien, de même ici le méfait frauduleux mis à jour fournit des données qui permettent de mesurer les effrayantes proportions du système dans lequel sa fonction a été utile et de préciser les monstrueuses nécessités auxquelles il répondait.

Notes

1.   M. de Beauchesne décrit ainsi ces objets (Louis XVII, t. II, pp. 24-25) : « L'alliance était un anneau d'or ouvrant et portant en dedans cette inscription : M. A. A. A., 19 aprilis 1770, jour des fiançailles, à Vienne, de Marie-Antoinette, Archiduchesse d'Autriche, et de Louis-Auguste, Dauphin de France. Le cachet était une breloque en argent, s'ouvrant en trois parties, dont l'une portait

gravé l'écusson de France ; l'autre deux LL, et la troisième la tête du Dauphin casquée. »

2.   Il est nécessaire de mentionner ici que cette dernière note ne se trouve pas dans une édition des Mémoires de Cléry publiée par la Société catholique des bons livres, Paris, hôtel Palatin, près Saint-Sulpice, 1825, imprimerie de Tremblay, à Senlis. D'un avis aux souscripteurs placé à la fin du volume il résulte que cette publication doit être du mois d'août 1825. Ce n'est donc qu'après cette date qu'on s'est avisé de faire intervenir en cette affaire le nom de Jarjayes et celui de Goguelat.

3.   La pagination indiquée est celle de l'édition de 1825, publiée dans le même recueil que le Journal de Cléry.

Il est à remarquer que la phrase comprise entre les signes n'existe pas dans l'édition de 1817, publiée sans nom d'auteur sous le titre de Mémoires particuliers.

4.   On verra plus loin que toutes les coupures ont été faites sous l'empire de préoccupations qui se rapportent constamment à un même système.

5.   L'ouvrage de Weber a paru sous ce titre : Mémoires concernant Marie-Antoinette, archiduchesse d'Autriche, reine de France, et sur plusieurs époques de la Révolution française, par M. Weber, frère de lait de la Reine, 3 vol. in-8°, portraits ; Londres, 1806. — Voici en quels termes il présente à ses lecteurs la relation du voyage de Varennes : « Ces pages ont été confiées à mes vives et respectueuses instances par la seule personne, hélas ! qui ait survécu à ce déplorable voyage. Avec quel intérêt religieux ne lira-t-on pas un pareil fragment qui brille à la fois du triple caractère de la candeur, de la piété filiale et de la vérité de l'histoire ? » — Et en note il ajoute : « Ce morceau précieux m'a été confié en 1796, lorsque Madame Royale arriva des prisons du Temple à la cour de Vienne. Son Altesse Royale avait alors dix-sept ans. »

6.   Eckart dit que Cléry rassembla les matériaux de son journal sur l'invitation de la princesse de Hohenlohe. Quérard, dans son Catalogue bibliographique, en attribue formellement la rédaction à Mme de Schomberg ; telle est aussi l'opinion de M. A. Barbier dans son Dictionnaire. On a aussi attribué cet ouvrage à Mgr de La Fare, à un sieur Sauveur-Legros. Enfin Beauchesne pense qu'il fut l'œuvre

de Mariala, homme d'affaires du prince d'Arenberg. Ce qui paraît certain (quoi qu'en dise M. de Riancey dans la préface de son édition de 1862), c'est que Cléry ne fit que fournir ses notes et que le Journal fut composé dans un des bureaux de M. de Provence. Quant aux notes en question, elles portent, bien marquée, l'empreinte de la griffe du lion.

LE RÉCIT D'UNE SŒUR

L'histoire de la captivité de la famille royale au Temple a été bien souvent racontée.

Cependant les récits originaux qui nous en sont parvenus et les documents qui s'y rapportent présentent des lacunes singulières.

Il est notamment bien extraordinaire que ceux des documents qui auraient pu fournir les renseignements les plus précis et les plus certains : les archives du Temple, aient presque complètement disparu. Et ce qui est plus étrange encore que leur disparition, c'est qu'elles n'ont pas été supprimées par la Convention ou par les gouvernements qui peuvent être considérés comme ses héritiers, mais par le gouvernement de la Restauration. On n'en saurait douter en présence d'une lettre du comte de Pradel, directeur de la maison de Louis XVIII, écrite en septembre 1817, qui constate que les registres, cartons et cachets relatifs à la détention de la famille royale au Temple ont été remis au ministre de l'intérieur, Bénézech, sur un reçu de celui-ci, à la date du 10 germinal an IV, mais qu'ils ne se retrouvent plus[1]. À cette époque de 1817 précisément, la Restauration faisait procéder, non sans une certaine mise en scène, à une enquête, dont le but déclaré était de rechercher, pour les récompenser, toutes les personnes qui avaient pu, « dans leur captivité, rendre le moindre service aux illustres prisonniers », et qui — chose inouïe — « se dérobaient à la reconnaissance royale ». Il est bien clair que, dans de telles circonstances, le fait de la suppression n'eût pas été simplement signalé dans ces termes discrets par le directeur de la maison du roi, s'il lui eût paru possible d'en faire porter la responsabilité ou le soupçon sur les régimes antérieurs.

À défaut des procès-verbaux officiels, il restait aux historiens la ressource de puiser dans les notes laissées par plusieurs témoins oculaires : le *Journal* de Cléry, qui est resté au service de Louis XVI jusqu'au jour de sa mort ; les *Mémoires* de Hue, qui avait pu organiser un service de correspondance entre Marie-Antoinette et ses amis du dehors ; la Relation enfin de Madame Royale, qui a vu se dérouler sous ses yeux les sanglantes péripéties du lugubre drame et qui est restée la dernière dans cette triste prison. Ces trois ouvrages ont été réunis en un seul recueil publié en 1817 et présentés au public comme « les seuls qui puissent inspirer une véritable confiance ».

LE RÉCIT D'UNE SŒUR

Il semblerait en effet qu'on doive accorder toute créance à de tels témoignages. Mais on a la preuve qu'ils ont été gravement altérés et largement tronqués[2].

Mais enfin, tels quels, ils permettent de reconstituer à peu près complètement ce qui s'est passé dans la tour du Temple depuis le 13 août 1792 jusqu'au 8 juin 1795, du moins en ce qui concerne Louis XVI et les princesses ; car tout ce qui se rapporte au Dauphin est resté enveloppé d'une obscurité profonde, mystérieuse, inexplicable.

À cet égard, la Relation de Madame Royale donne même lieu à une remarque bien étrange. C'est le peu d'intérêt que semble inspirer à la fille de Louis XVI le sort de cet enfant, comme elle orphelin, qui vit et souffre à quelques pas d'elle et qui est son frère et son roi. Elle ne le voit jamais, cela est vrai ; toutes communications entre elle et lui sont interdites ; il est même défendu aux gardiens de lui en parler et de lui donner de ses nouvelles, cela est encore vrai. La raison de cette consigne ne se comprend pas : il faut admettre qu'elle existait. Mais enfin, personne ne croira que cette consigne cruelle n'ait jamais été enfreinte par la pitié compatissante ou par l'indiscrétion involontaire de quelque municipal ou de quelque employé de la prison. Laurent, aux attentions et aux égards respectueux duquel[sic] Marie-Thérèse elle-même rend hommage ; Meunier, Baron, Gomin surtout, dont le dévouement lui avait paru si appréciable, qu'elle réclama ses services pour l'accompagner jusqu'à la frontière lorsqu'elle sortit du Temple et qu'elle voulut lui témoigner sa reconnaissance en lui remettant, avant de quitter le sol français, quelques lignes, — des plus émues certainement qu'ait jamais tracées sa plume[3], — ces hommes empressés à lui plaire et à gagner ses bonnes grâces ne se seraient pas refusés à servir quelquefois d'intermédiaires entre elle et son malheureux compagnon de captivité.

Or, on trouve bien dans la Relation quelques mentions relatives à des renseignements qui lui auraient été donnés de temps en temps sur l'état du pauvre enfant prisonnier ; mais ces mentions sont d'une sécheresse d'expression extraordinaire. Et rien n'indique que jamais aucune entrevue ait eu lieu, que jamais aucun message affectueux et consolateur ait été porté d'une cellule à l'autre ; il y a plus : il ne semble pas que Marie-Thérèse ait jamais songé à faire aucune tentative dans ce but. Il est même impossible de lire la Relation sans avoir cette impression que la sœur du Dauphin y a évité autant qu'elle l'a pu de parler de son frère. Si incompréhensible que paraisse un tel sentiment, on dirait qu'elle éprouve à cet égard une invincible répugnance, qui se manifeste en maints passages de son récit.

Après avoir raconté la mort de sa tante, elle exprime ce vœu :

Puissé-je avoir toutes ses vertus et l'aller rejoindre un jour, ainsi que mon *père* et ma *mère* dans le sein de Dieu, où je ne doute pas qu'ils ne jouissent du prix d'une mort qui leur a été si méritoire.

Un peu plus loin, elle dit :

Voyant que lorsque je demandais aux municipaux d'être *réunie à ma mère* et d'avoir des *nouvelles de ma tante*…

Puis quelques lignes plus bas :

Il est affreux, leur dis-je, d'être séparée de *sa mère* depuis plus d'un an, sans savoir de *ses nouvelles, ainsi que de sa tante*.

Puis encore, à propos d'une visite du Comité :

Mon plus grand malheur était de ne pouvoir obtenir d'eux des nouvelles de *ma mère et de ma tante* ; je n'osais leur en demander *de mes oncles et de mes grand'tantes*, mais j'y pensais sans cesse[4].

Jamais un mot pour demander des nouvelles de son frère, pour solliciter la permission de le voir, de lui porter des conseils, des consolations, des soins ! Jamais un mot pour associer son souvenir au souvenir des parents dont elle déplore l'absence et dont, plus tard, elle pleure la perte ! Est-ce que cela n'est pas étrange, monstrueux, profondément troublant ?

Telle est cependant la force des légendes que certains écrivains sérieux, dans l'esprit desquels le nom de Madame Royale est gravé une fois pour toutes comme synonyme d'un modèle de toutes les vertus, ne se sont pas arrêtés devant ce problème moral. Ils ne l'ont pas même aperçu, et, avec la bonne foi d'une solide prévention, ils ont tout simplement attribué à la sœur du Dauphin les sollicitudes et les préoccupations qu'elle *devait* avoir et supposé les démarches qu'elle *devait* faire.

Ah ! pourquoi ne lui permettait-on pas de descendre au deuxième étage, de se faire ouvrir la porte de la chambre où gémissait le pauvre enfant, de le secourir, de le consoler, de le soigner, de le sauver ? Elle serait son bon ange, elle l'arracherait à la misère et à la mort. Pour accomplir cette œuvre de délivrance et de salut, il lui faudrait seulement descendre quelques marches, et on le lui interdisait ! Quel supplice pour cette jeune fille sublime qui aurait donné mille fois sa vie pour sauver celle de son frère[5] !

C'est en ces termes éloquents et touchants qu'un de ses panégyristes nous dépeint ses angoisses fraternelles.

Qui ne répugnerait en effet à croire que ce cœur de seize ans soit resté glacé par une indifférence révoltante ; que le désir ardent de soulager les misères de l'orphelin, de préserver sa jeune âme d'influences délétères en remplissant auprès de lui le rôle de mère, n'ait pas été l'obsession des interminables heures de solitude et ne lui ait pas inspiré quelques sollicitations pressantes auprès des comités ou quelques tentatives de séduction, comme en hasardent tous les prisonniers auprès des plus farouches geôliers ?

Mais précisément parce qu'une telle supposition est impossible à admettre, la description émouvante des sentiments et des démarches que comporte la situation fait d'autant plus ressortir ce qu'il y a de stupéfiant dans le silence, dans les réticences du récit de Marie-Thérèse sur tous ces points.

Le même auteur dont on vient de lire un extrait nous assure aussi que Robespierre s'étant présenté dans sa prison, la jeune princesse, « qui ne le connaissait pas, se doutant qu'elle avait devant elle un individu du pouvoir, ne lui adressa pas un seul mot, mais lui remit un papier sur lequel ces lignes étaient tracées :

« Mon frère est malade ; j'ai écrit à la Convention pour obtenir d'aller le soigner ; la Convention ne m'a pas encore répondu ; je réitère ma demande. »

Il n'indique pas où il a pris ce renseignement[6], ce qui serait intéressant à savoir : car l'incident, si l'on prend la peine d'y réfléchir, est bien tout ce qu'on peut imaginer de plus invraisemblable. Il faudrait admettre, non pas seulement que Marie-Thérèse s'est « doutée qu'elle avait devant elle un individu du pouvoir », mais qu'elle avait été prévenue de cette visite d'un individu du pouvoir, pour avoir tenu prêt le billet. L'on se figure d'ailleurs assez difficilement la prisonnière accueillant un personnage comme Robespierre avec le silence et l'attitude du dédain, et le « divin » Maximilien recevant ce billet préparé par un parti pris d'impertinence, ou attendant avec une patiente condescendance que la hautaine fille de Louis XVI ait crayonné quelques lignes pour éviter de lui adresser la parole. L'anecdote a été évidemment inventée par quelqu'un des écrivains de la Restauration, et il n'est pas difficile à qui a étudié avec un peu d'attention le système suivi par ces historiens de démêler à quel ordre de besoins elle répond.

Mais si le fait était vrai, la même question se poserait encore une fois : comment expliquer que Marie-Thérèse, qui raconte la visite de Robespierre[7], ne fasse aucune mention de la demande qu'elle lui aurait remise, non plus que de la requête qu'elle aurait précédemment adressée à la Convention ?

S'il fallait en croire les récits plus savamment fantaisistes que M. de Beauchesne a essayé d'introduire dans l'histoire sous la garantie d'un étrange témoin trouvé par lui, le gardien Gomin, on aurait même à enregistrer une omission qui révolterait tous les sentiments humains. Voici ce que raconte Beauchesne, avec un luxe de détails et un habile choix d'expressions propres à simuler la reproduction textuelle d'une note prise au moment du fait :

Il était expressément défendu de laisser se rencontrer les enfants de Louis XVI. Mathieu avait signifié cette prohibition de la manière la plus formelle ; aussi ne tint-on aucun compte de l'observation philanthropique du philosophe Delboy[8]. Depuis leur séparation, le 3 juillet, et leur confrontation, le 7 octobre 1793, Madame Royale n'avait point vu une seule fois son frère. Aujourd'hui 3 frimaire an

III (23 novembre 1794), elle l'a aperçu par l'escalier au moment où elle rentrait dans sa chambre avec Laurent et où Gomin, escorté du commissaire de service du nom d'Alavoine, sortait de celle du Dauphin, emmenant l'enfant se promener avec lui sur la terrasse ; mais il ne lui a été donné ni de l'embrasser ni de lui parler.

Madame Royale ne dit pas un mot de cette rencontre.

Et certes, pourtant, si elle avait eu lieu, c'eût été, dans la triste et lugubre monotonie de sa vie de recluse, l'événement le plus mémorable, le plus émouvant. Marie-Thérèse aurait un jour aperçu ce frère chéri, ce frère malheureux ; elle aurait passé à quelques pas de lui ; ses gardiens — ces gardiens dont elle se loue — auraient eu le courage barbare de lui ravir une consolation fugitive que le hasard lui offrait ; ils auraient eu la dureté et la présence d'esprit d'arrêter l'élan qui devait irrésistiblement la jeter dans les bras de son frère, ils l'auraient précipitée dans sa chambre pour empêcher un appel et un cri d'étonnement douloureux et joyeux tout à la fois ; — et Marie-Thérèse aurait oublié cette scène inoubliable !

Non ! cela est impossible. M. de Beauchesne et l'honnête Gomin ont eu leurs raisons pour inventer cet épisode : des raisons qu'il ne convient pas de rechercher ici. Ou bien alors ce serait Madame Royale qui aurait été empêchée de parler de cette rencontre avec l'enfant détenu auprès d'elle, par des raisons que la sagacité du lecteur saura apercevoir.

Dans tous les cas, un fait subsiste : c'est qu'un sentiment invincible a contraint, aussi bien les historiens naïvement bienveillants que les panégyristes de parti pris, à pallier, par des suppositions gratuites, la choquante indifférence que laisse voir la Relation de Madame Royale pour tout ce qui regarde son frère. La seule sollicitation qu'elle déclare avoir faite en faveur du pauvre enfant est celle-ci :

Il ne se trouva qu'un seul garde dont les manières plus honnêtes m'engagèrent à lui recommander mon pauvre frère. Il osa parler de la dureté qu'on avait pour lui, mais il fut renvoyé le lendemain[9].

Si la Relation de Madame Royale trahit une inconcevable répugnance à parler de son frère, elle dénote aussi un non moins inconcevable dédain de l'exactitude dans les rares passages qu'elle lui consacre.

Deux exemples suffiront à cet égard.

À l'occasion du départ de Simon, Marie-Thérèse veut tracer le tableau des mauvais traitements infligés au Dauphin et y fait entrer ces détails :

Il était dans un lit qu'on n'avait pas remué pendant plus de six mois et qu'il n'avait plus la force de faire ; les puces et les punaises le couvraient, son linge et sa personne en étaient pleins. On ne l'a pas changé de chemise et de bas pendant plus d'un an ; ses ordures restaient aussi dans sa chambre, jamais personne ne les a emportées pendant tout ce temps…

Rien n'est vrai dans ce tableau poussé au noir.

Le Dauphin est resté sous la garde de Simon pendant six mois : du 3 juillet 1793 au 19 janvier 1794 ; et il est parfaitement établi que, s'il eut en effet à souffrir de la brutalité de son infâme « instituteur », les soins matériels qu'exige l'entretien d'un enfant lui furent toujours donnés par la femme Simon. Il est également établi qu'à cette époque sa santé n'était pas sérieusement altérée. Comme, d'ailleurs, il habitait le même logement que ses gardiens, il est de toute évidence que les détails qu'on vient de lire sont impossibles à admettre. On ne peut pas mieux les appliquer à un autre temps, en supposant une confusion d'époque. Du 19 janvier au 28 juillet 1794, s'écoula la période la plus dure de la captivité du royal enfant. Placé, sans gardien spécial, sous la *surveillance roulante* de membres des sections qui se relevaient tous les jours, il fut alors réellement laissé dans un état d'abandon et d'incurie lamentable, mais que, pour leur commodité personnelle, les commissaires de service n'auraient pu tolérer au degré indiqué par Madame Royale et qui, dans tous les cas, n'aurait pas duré autant qu'elle le dit. À partir du 28 juillet jusqu'à la fin de mars 1795, il fut confié à un commissaire spécial, Laurent, dont Madame Royale elle-même se loue en termes exprès. Laurent enfin fut remplacé par Gomin, dont nous savons à quel point elle apprécia la sollicitude et les attentions.

Ce qui est plus extraordinaire encore et ce qui confond l'imagination, c'est que Marie-Thérèse ne sait même pas exactement à quelle date serait mort son frère. Le décès de l'enfant prisonnier a eu lieu le 20 prairial (8 juin), ainsi que le constate l'avis officiel notifié à la Convention[10] ; et Madame Royale le fixe au 9 juin !

La page contenant le récit de cette mort mérite d'ailleurs d'être citée intégralement ; car elle n'est pas seulement remarquable par l'erreur de date. C'est un spécimen d'oraison funèbre d'un genre particulier, où ne se fait guère entendre l'accent d'une sœur pleurant son frère, d'une fille de France pleurant son roi.

La maladie de mon frère empirait de jour en jour ; ses forces diminuaient ; son esprit même se ressentait de la dureté qu'on avait si longtemps exercée envers lui et s'affaiblissait insensiblement. Le Comité de sûreté générale envoya pour le soigner le médecin Dessault[sic] ; il entreprit de le guérir, quoiqu'il reconnût que sa maladie était bien dangereuse. Dessault mourut ; on lui donna pour successeurs Dumangin et le docteur Pelletan. Ils ne conçurent aucune espérance. On lui fit prendre des médicaments qu'il avala avec beaucoup de peine. Heureusement sa maladie ne le faisait pas beaucoup souffrir ; c'était plutôt un abattement et un dépérissement que des douleurs vives. Il eut plusieurs crises fâcheuses ; la fièvre le prit ; ses forces diminuaient chaque jour et il expira sans agonie.

Ainsi mourut le 9 juin 1795, à trois heures après-midi[11], Louis XVII, âgé de dix ans et deux mois. Les commissaires le pleurèrent amèrement, tant il s'était fait aimer d'eux par ses qualités aimables. Il avait eu beaucoup d'esprit, mais la prison et les horreurs dont il a été victime l'avaient bien changé et même s'il eût vécu, il est à craindre que son moral n'en eût été affecté.

Je ne crois pas qu'il ait été empoisonné, comme on l'a dit, et comme on le dit encore : cela est faux, d'après le témoignage des médecins qui ont ouvert son corps, où ils n'ont pas trouvé le moindre vestige de poison. Les drogues qu'il avait prises dans sa dernière maladie ont été décomposées et se sont trouvées saines. Le seul poison qui ait abrégé ses jours, c'est la malpropreté jointe aux horribles traitements, à la cruauté et aux duretés sans exemple qu'on a exercées envers lui.

Telles ont été la vie et la fin de mes vertueux parents, pendant leur séjour au Temple et dans les autres prisons.

Fait à la tour du Temple.

Si l'on ne devait voir dans ces lignes glaciales qu'un simple mémento destiné à servir de canevas à une relation plus complète, et livré tel quel à la publicité, on n'en éprouverait pas moins une pénible impression à n'y sentir rien qui révèle la moindre émotion. Mais combien cette impression s'aggrave quand on constate qu'on a sous les yeux un texte remanié et corrigé ! Les trois phrases placées entre les signes ne se trouvent pas dans l'édition publiée en 1817 sous le titre de *Mémoires particuliers* ; et dans la même édition, à la place de cette autre phrase : « Je ne crois pas qu'il ait été empoisonné, comme on l'a dit et comme on le dit encore », on lit ceci : « Il n'a pas été empoisonné, comme quelques personnes l'ont cru. » Ainsi les mots ont été pesés, la portée des expressions a été mesurée, le choix a été soigneusement fait de ce qui devait être ajouté ou retranché. Et voilà tout ce que le cœur de cette « jeune fille sublime » lui a inspiré pour raconter la mort de son frère et de son roi !

Elle donne sur les phases de la maladie des détails qu'elle n'a pu connaître avec certitude. Tout en déclarant que ses gardiens lui étaient affectionnés au point de le regretter amèrement, elle tient à le présenter comme à peu près hébété : préoccupation singulière qui semble tendre à affaiblir les regrets des fidèles au lieu d'exciter des sentiments compatissants à sa propre douleur. Elle éprouve le besoin de donner son avis sur la question de l'empoisonnement et interprète même sur ce point, d'une façon extrêmement hasardée, les constatations du procès-verbal d'autopsie. Mais il est d'autres questions qui, à cette époque et longtemps après, occupèrent l'opinion encore plus que celle-là, et qui, pour la sœur de Louis XVII, étaient d'un intérêt bien autrement poignant. Car elles ne soulevaient pas des doutes sur les causes d'un malheur irréparable : la mort ; mais des espérances sur un fait plein de consolation et de joie : la délivrance et la vie. Et sur ces questions pas un mot ! pas la trace d'une préoccupation ! pas le souvenir d'un élan qui l'aurait emportée un instant vers un espoir, fût-il chimérique ! Pas même une allusion à des motifs interdisant cet espoir !

Des commentaires et des soupçons auxquels donnèrent lieu les décès subits et successifs de Desault, de Chopart, de Doublet, on dirait qu'elle n'a jamais rien su. — « Dessault*sic* mourut, on lui donna pour successeurs Dumangin et le docteur Pelletan. » — C'est en ces termes qu'elle mentionne des faits qui avaient jeté l'émoi dans le corps médical et ouvert le champ à toutes les suppositions sur le sort de l'enfant-roi.

Des bruits qui se répandirent partout de l'évasion du jeune Louis XVII et dont les notes de police de l'époque signalent la persistance, on dirait également qu'aucun écho n'est parvenu jusqu'à elle. Si absurdes que pussent être ces bruits, on ne saurait concevoir qu'elle n'en ait pas été troublée. Et, en admettant même que pour elle toute incertitude fût impossible, il resterait encore inexplicable qu'une erreur de l'opinion pouvant aboutir à un schisme monarchique lui ait paru moins digne d'être rectifiée par son témoignage, qu'une erreur sur la question rétrospective de la mort naturelle ou de l'empoisonnement.

Un seul fait aurait pu rendre la sœur du Dauphin inaccessible à tout espoir ou à tout doute : qu'elle eût vu son frère mort. Mais n'est-ce pas le comble de l'étrange que son récit soit muet à cet égard ?

Si on lui a permis de contempler ces restes si chers, le souvenir de cette veillée funèbre auprès de la dernière des quatre victimes de son sang, frappées à ses côtés, s'est-il si vite effacé de son esprit et de son cœur, qu'elle ait plu clore la *Relation des événements arrivés au Temple* sans y déposer même quelque cendre de ce souvenir ? Ou peut-on imaginer un motif plausible qui l'ait contrainte à ce silence ?

Si cette consolation suprême lui a été refusée de mettre un dernier baiser sur le front de son frère, de lui fermer les yeux, de prier auprès de son lit mortuaire, on doit croire au moins qu'elle l'a implorée comme une grâce inestimable, qu'elle a supplié et pleuré pour l'obtenir et que la cruauté d'un tel refus a ravivé et exaspéré la douleur de toutes ses plaies saignantes et soulevé jusqu'à la tempête son indignation contre des bourreaux capables d'une telle barbarie. Et pas un cri de révolte ! Pas un mot de plainte ! Pas même l'expression d'un désir formulé ou seulement d'un regret conçu !

Tout cela fait rêver. Tout cela est si contraire à la logique des sentiments humains, qu'à vouloir y réfléchir, l'esprit s'arrête interdit comme devant une énigme redoutable.

Il n'est cependant pas impossible peut-être d'en pénétrer le premier mot, si l'on se rappelle ce que dit Eckart, quand il exprime la crainte que la publication *indiscrète et altérée* des Mémoires particuliers *ne prive à jamais de Mémoires plus étendus auxquels ils devaient servir de base*. Le cadre de ces Mémoires plus étendus — qui n'ont jamais paru en effet — comprenait évidemment ce qu'on est étonné de ne pas trouver dans les éditions livrées à la publicité. Mais alors l'énigme, pour être découverte sur une de ses faces, n'en devient que plus troublante dans ce qu'elle laisse à deviner.

Pour aller jusqu'au fond du mystère et pour chercher le sens caché et la raison secrète de ces incohérences, il faudrait franchir les limites volontairement marquées à la présente étude. Aussi bien, à poursuivre simplement l'exposé des faits qu'elle comporte, on est frappé tout naturellement des lueurs révélatrices qui jaillissent à chaque pas.

Si la Relation de Madame royale s'arrête si brusquement à la date du 9 juin 1795, ce n'est pas que les derniers mois de sa captivité aient été vides d'événements dignes de sa plume. Ce n'est donc pas, par conséquent, comme on a voulu le prétendre, qu'une superstition de respect filial ou de modestie personnelle ait fait tomber cette plume de ses mains, parce qu'elle n'aurait plus eu qu'à parler d'elle-même[12]. Les observations qui précèdent le démontrent surabondamment.

On trouve d'ailleurs à cet égard une indication bien significative dans ce fait que l'édition de 1817 ne contient pas les dernières lignes qui ont été ajoutées à celles de 1823, dans le but, trop maladroitement dissimulé, de donner discrètement cette utile impression au lecteur.

Il n'est pas besoin de faire remarquer en outre que cette interruption du récit coïncide précisément avec l'époque où, les communications avec le dehors étant autorisées, la lumière put se faire pour la recluse sur les faits que le régime cellulaire lui avait laissé ignorer ou ne lui avait permis de connaître que très incertainement et très imparfaitement : sur le sort de ses parents, sur tous les détails cruellement intéressants qu'une orpheline frappée par tant de deuils devait être avide d'apprendre, de graver dans sa mémoire et de consigner avec exactitude.

À peine, en effet, la chambre au dessous de la sienne fut-elle vide du cercueil de l'enfant qui venait d'y mourir, que les consignes s'abaissèrent, comme les ponts-levis d'un château enchanté, à l'heure fatale où cesse la puissance des maléfices.

C'est le 24 prairial (12 juin), d'après la note officielle du *Moniteur*, que fut porté au cimetière Sainte-Marguerite le corps du défunt désigné sous le nom de Charles-Louis Capet. Le lendemain même (25 prairial), le Comité de sûreté générale, ayant décidé « qu'il serait placé auprès de la fille de Louis Capet une femme pour lui servir de compagnie », se trouvait déjà en mesure de faire son choix entre « trois femmes recommandables par leurs vertus morales et républicaines », et nommait à cet emploi « la citoyenne Madeleine-Élisabeth-Renée Hillaire La Rochette, femme du citoyen Bocquet de Chanterenne, demeurant rue des Rosiers, 24, section des Droits de l'homme[13] ».

Mme de Chanterenne entrait aussitôt en fonctions, et alors — dit un auteur que nous avons déjà cité[14] — s'engagea ce dialogue entre la jeune princesse et sa nouvelle compagne : « Où est ma mère ? — Madame n'a plus de mère. — Et mon frère ? — Plus de frère. — Et ma tante ? — Plus de tante. — Eh quoi ! Élisabeth aussi ? Mais qu'ont-ils pu lui reprocher ? »

Quelques jours après, les dispositions favorables du gouvernement à l'égard de Marie-Thérèse se manifestèrent de nouveau par un arrêté ordonnant qu'il lui soit délivré des vêtements neufs.

Des vêtements noirs sans doute ? Car pour cette « jeune fille sublime », pour cette princesse si pénétrée de respect et de religion à l'égard de tous les devoirs, de toutes les traditions, de toutes les convenances, ce serait comme un sacrilège de ne pas porter le deuil du roi de France qui était son frère[15].

Et certainement le gouvernement de Thermidor, qui, à défaut d'une dame d'honneur qu'il n'ose pas encore lui accorder, vient de lui donner une dame de compagnie, ne lui refusera pas ce que la reine Marie-Antoinette, après la mort de Louis XVI, a obtenu pour elle et ses enfants, au plus fort du régime de la Terreur[16].

Le gouvernement ne fit en effet aucune difficulté de lui procurer les objets *qu'elle demanda*[17]. Eh bien ! il y a de quoi en demeurer stupide d'étonnement, voici quelle était sa toilette, d'après le fidèle Gomin :

Maintenant sa mise était *très convenable*. Le matin, dans sa chambre, elle était en redingote de *satin blanc* ; toute la journée en robe de *nankin* ; le dimanche elle se mettait en robe de *linon*, et toutes les fêtes solennelles, elle se parait d'une robe de *soie verte*. Sa belle chevelure, si abondante que les femmes à la mode de l'époque prétendaient qu'elle portait perruque, flottait comme par le passé dans un aimable négligé, retenue avec un ruban et quelquefois par un fichu attaché sur le devant de la tête.

Les mêmes détails sont donnés, presque dans les mêmes termes, par un autre contemporain, dans un petit opuscule de 150 pages in-18, intitulé : « Les adieux de Marie-Thérèse-Charlotte de Bourbon, Almanach pour l'année 1796, par M. d'Albins, à Basle, chez Toumesen, libraire, 1796. » — M. d'Albins est le pseudonyme de Michaud, qui, après avoir été, comme chacun sait, un des « courtisans de l'exil », en fut largement récompensé à la Restauration.

La dernière partie de cet ouvrage contient, sous ce titre : « Bulletin du Temple », des notes portant différentes dates, du 10 août au 19 décembre 1795. En voici quelques extraits intéressants :

(P. 114.) Du 10 août. — Il a été fourni *depuis plus d'un mois*, par suite des arrêtés des Comités de gouvernement, pour Marie-Thérèse... vingt-quatre chemises toile de Hollande superfine, — six paires de bas de *soie de couleur*, — six paires de souliers, — deux déshabillés de *taffetas de couleur*, — deux déshabillés de *pékin* et cotonnade avec taffetas de couleur pour doublure...

(P. 122.) Du 20 septembre. — Marie-Thérèse *n'ignore plus les malheurs de sa famille* ; elle passe presque tous ses moments à écrire pour se distraire de ses chagrins ; elle est tous les jours en robe de *nankin* ; tous les dimanches elle se met en robe de *linon* et toutes les fêtes solennelles elle se pare d'une robe de *taffetas vert*. Les dames de Tourzel y vont trois fois par semaine[18]...

(P. 126.) Du 15 octobre. — Chaque jour apporte un adoucissement à la détention de la jeune prisonnière du Temple. Sous le régime de Robespierre, *elle n'avait qu'une robe noire*, qui la couvrait à peine ; maintenant elle est vêtue *très décemment*[19]. On lui a montré plusieurs étoffes, elle en a choisi pour faire des robes ; quand elle en demandait deux, on avait toujours le soin d'en mettre trois ou quatre, pour *ne lui laisser rien à désirer*.

Le même auteur nous apprend d'ailleurs que la jeune orpheline ne se montrait pas plus en deuil par son attitude que par ses vêtements. À la date du 15 novembre, il consigne une anecdote sur une chèvre qui « occupe ses soins » et qui, « reconnaissante, la suit familièrement. Un commissaire ayant appelé ce fidèle animal… la chèvre n'a point voulu le suivre, ce qui a *beaucoup fait rire* Marie-Thérèse » (p. 128) ; et quelques lignes plus loin cette observation :

La santé de Marie-Thérèse ne paraît point altérée. Elle sait maintenant qu'elle doit aller à la cour de l'empereur ; c'est sans doute ce qui contribue à lui donner *la gaîté qu'elle fait paraître.*

Ces véridiques tableaux, tracés au jour le jour, d'après les renseignements donnés par le mari et la sœur de Mme de Chanterenne, ne ressemblent guère aux récits touchants qui représentent Madame abîmée dans une incurable douleur et semblable à Rachel qui ne veut pas être consolée.

Qu'on veuille bien excuser ici une petite digression qui montrera, saisi sur le vif, un exemple assez innocent, mais amusant dans sa simplicité, des procédés par lesquels un peintre habile sait embellir un portrait d'une touche qui, maladroitement posée, en eût détruit l'harmonie. Cet exemple est pris dans une étude sur la duchesse d'Angoulême par un écrivain distingué et certainement consciencieux, auquel on ne saurait vraiment faire un crime de s'éprendre un peu trop facilement de ses modèles.

L'anecdote de la chèvre familière lui a plu. Pour n'en pas priver ses lecteurs, il l'a empruntée à l'*Almanach de Bâle*, et l'a citée entre guillemets, comme extraite textuellement. — Textuellement, pas tout à fait, mais on aurait sans doute mauvaise grâce à chicaner pour un seul mot changé, — et combien délicatement ! Trouvant apparemment qu'un éclat de gaîté détonnait un peu, dans une enceinte pleine de tant de souvenirs douloureux et si récents, l'écrivain respectueux des nuances a remplacé : « *ce qui fit beaucoup rire* par : « *ce qui fit doucement sourire Marie-Thérèse.* » C'est à peine une altération, — ce n'est presque qu'une atténuation, mais qui suffit pour que la figure de son héroïne garde la teinte de touchante mélancolie qu'il a voulu lui donner[20].

On pourrait cependant ne pas se sentir absolument choqué de ce qu'une prisonnière de seize ans, sevrée depuis trois longues années de toute consolation, de toute distraction, aurait été un peu étourdie par les premières bouffées d'espérance et de liberté, et de ce que, sous l'influence d'un renouveau enivrant, la sève de sa jeunesse aurait un instant bouillonné et fait explosion en un fugitif transport de naturelle allégresse.

Mais, sans avoir le sens des convenances à ce point affiné et susceptible qu'un accès passager d'hilarité le blesse comme une dissonance insupportable, on éprouve l'impression douloureuse, le sursaut de révolte et d'indignation que cause un scandale, à la pensée que dans la prison même où vient de mourir, il y a quelques jours à peine, l'enfant qui pour elle était le roi de France son frère, Madame Royale s'occupe d'assortir des toilettes variées et se montre parée de robes de nankin et de robes de taffetas vert.

On voudrait n'y pas croire. N'est-on point en présence d'inventions dues à la malignité d'ennemis perfides ou à la fantaisie de chroniqueurs plus soucieux du pittoresque que de l'exactitude et de la vraisemblance ? Mais non. Tout doute est impossible. Ces incroyables détails sont fournis par des témoins oculaires et dont les sentiments à l'égard de l'orpheline du Temple vont au delà du respect et de la vénération[21]. Et — ce qui précipite vraiment l'esprit dans un abîme de réflexions — ils les rapportent, ces détails, comme la chose la plus simple du monde.

Est-ce par une influence communicative de cette simplicité et de cette absence d'arrière-pensée qui caractérisent les premiers récits, ou par la vertu hypnotisante de préventions favorables admises à priori ? Ce qu'il y a de sûr, c'est que l'étrangeté, l'énormité de ce fait que la sœur du Dauphin n'a pas porté son deuil, n'ont choqué aucun des historiens postérieurs. Ils paraissent n'y avoir même pas pris garde[22]. Il en résulte des contrastes et des inconséquences bizarres. Dans l'ouvrage cité plus haut, où, par un pieux scrupule, une épithète imparfaitement congrue a été effacée et remplacée par une autre plus décente, on est stupéfait de voir la description des toilettes vertes et jaunes reproduite d'après Gomin, y compris l'appréciation de celui-ci sur ce que la mise de Madame avait de *convenable*. Par un hasard ironique de la typographie, ce passage s'étale précisément en regard du dialogue émouvant : « Où est mon frère ? — Madame n'a plus de frère. » *Habent sua fata libelli*.

Tout ce qui se passe dans ces derniers mois de 1795 est — il faut l'avouer — de nature à déconcerter quiconque chercherait l'enchaînement logique des événements. L'histoire ne présente aucun exemple d'un changement à vue aussi fantastique que celui qui se produit alors.

Le 9 thermidor avait eu des effets aussi soudains et aussi saisissants ; du jour au lendemain, la physionomie de Paris et de la France entière s'était transformée. Mais il n'y eut là rien que de très normal et de très explicable. L'exécution de Robespierre mettait fin à un régime qui avait tenu le pays haletant sous une horrible oppression ; la respiration étouffée redevenait subitement libre ; la vie reprenait son cours avec une exubérance nouvelle. C'est un phénomène moral qui peut être constaté à la chute de toute tyrannie.

Mais ici rien de pareil. Un enfant vient de mourir au fond d'une prison. Cet enfant, il est vrai, était l'espoir des ennemis de la République ; il personnifiait à leurs yeux le principe de la royauté. Mais enfin sa mort ne détruit pas le principe, et ne supprime aucun des périls qui menacent le pouvoir existant. Aucune modification essentielle ne s'ensuit dans les conditions d'existence de la nation ou du gouvernement.

Et cependant, à l'instant tout change de face.

Tant que cet enfant a vécu, un silence de mort a plané sur cette tour fermée comme un tombeau ; et, comme si ce tombeau eût recélé un mystère redoutable, il semble que le passant en détournait ses regards et s'efforçait d'en détourner sa pensée. Dès que l'enfant est mort, l'appareil lugubre disparaît, la vie renaît, le silence cesse, les portes s'ouvrent.

À voir la rapidité avec laquelle éclatent et se succèdent les actes et les motions qui marquent les dispositions nouvelles des gouvernants et l'affranchissement de l'opinion publique, on dirait qu'un charme est rompu, qui paralysait des bonnes volontés pressées de se manifester et retenait des intercessions prêtes à se produire.

On n'a pas oublié l'arrêté pris par le Comité de sûreté générale, le lendemain même de l'inhumation, pour donner une dame de compagnie à Marie-Thérèse. Trois jours après, le 16 juin, paraissait dans le journal de Perlet un article réclamant des mesures de clémence en faveur de la jeune prisonnière. Le 18 juin, une députation de la ville d'Orléans se présentait à la barre de la Convention et remettait une pétition tendant à sa mise en liberté. Quelques jours plus tôt, c'eût été s'offrir au bourreau que de faire entendre dans cette assemblée des paroles comme celles-ci :

Citoyens représentants, tandis que vous avez rompu les fers de tant de malheureuses victimes d'une politique ombrageuse et cruelle, une jeune infortunée, condamnée aux larmes, privée de toute consolation, de tout espoir, réduite à déplorer ce qu'elle avait de plus cher, la fille de Louis XVI languit encore au fond d'une horrible prison. Orpheline si jeune encore, si jeune encore abreuvée de tant d'amertumes, de tant de deuils, qu'elle a douloureusement expié le malheur d'une si auguste naissance ! Hélas ! qui ne prendrait pitié de tant de maux, de tant d'infortunes, de son innocence, de sa jeunesse ?... Venez, entourez tous cette enceinte, formez un cortège pieux, Français sensibles, et vous tous qui reçûtes des bienfaits de cette famille infortunée ; venez, mêlons nos larmes, élevons nos mains suppliantes et réclamons la liberté de cette jeune innocente, nos voix seront entendues ; vous allez la prononcer, citoyens représentants, et l'Europe applaudira à cette résolution, et ce jour sera pour nous, pour la France entière, un jour d'allégresse et de joie.

La terrible Convention écouta sans colère cet appel à la clémence en faveur de la fille des tyrans. Il est même probable qu'elle l'avait en secret encouragé, sinon provoqué, car cette manifestation servait des projets déjà formés et des négociations entamées au lendemain de l'événement qui avait si singulièrement fait tourner le vent à la réaction. Le 30 de ce même mois de juin (12 messidor an III), Treilhart, au nom des Comités de salut public et de sûreté générale, présentait un rapport contenant la proposition officielle d'échanger la fille de Louis XVI contre les prisonniers français détenus par l'Autriche. Ce rapport était habilement motivé :

Les triomphes du peuple français, l'espoir de tous les hommes éclairés, l'opinion du monde entier, sanctionnent la République. Il serait insensé de douter de son affermissement. *Le moment est donc venu* où il peut convenir de fixer ses regards sur la fille du dernier roi des Français. Un devoir impérieux, la sûreté de l'État, vous prescrivit la réclusion de cette famille. *Aujourd'hui, vous êtes trop forts pour que cette mesure de rigueur soit encore indispensable.* Vos Comités vous proposent de faire servir un acte d'humanité à la réparation d'une grande injustice. La plus odieuse et la plus noire des trahisons a livré des représentants du peuple et un ministre de la République à une puissance ennemie ; cette même puissance, par la violation du droit des nations, a fait arrêter des citoyens revêtus du titre le plus sacré, celui d'ambassadeur. Dans cet échange, nous nous désistons d'un droit pour faire cesser une injustice. Ce sera au gouvernement de Vienne à bien réfléchir sur ces considérations ; il optera entre son attachement aux liens du sang et le désir de prolonger une vengeance odieuse et inutile. Nous n'avons pas pensé que cet objet dût devenir celui d'une négociation ; il suffira que vous vous expliquiez, et les généraux français seront chargés de transmettre votre déclaration aux généraux des armées autrichiennes.

Les considérations présentées par le gouvernement étaient bien celles qui pouvaient le mieux flatter les passions de l'Assemblée et déterminer son adhésion. Mais au fond elles ne résisteraient pas à un examen sérieux. À les prendre à la lettre, il en faudrait conclure que l'affermissement de la République dépendait de la mort de l'enfant du Temple et que, la veille de cette mort, le gouvernement n'était pas assez fort pour que les mesures de rigueur et la réclusion eussent cessé d'être indispensables.

L'événement qui venait de se produire ne supprimait aucun prétexte et n'enlevait aucune force ni à la Vendée, ni à l'émigration, ni à la coalition ; et, loin qu'il diminuât le péril résultant de l'opposition monarchique, il l'aggravait certainement, en ralliant au comte de Provence un bon nombre de royalistes qu'inquiétaient et retenaient dans la réserve ses allures de régent, et en poussant celui-ci à redoubler d'ardeur et d'activité dans ses intrigues, sous l'influence du stimulant nouveau qui aiguillonnait son ambition impatiente.

La raison vraie du revirement si brusque et si étonnant dont le 8 juin a marqué la date reste donc un mystère.

La Convention se conforma aux vues de ses Comités et, le jour même, rendit le décret suivant :

La Convention nationale, après avoir entendu le rapport de ses Comités de salut public et de sûreté générale, déclare qu'au même instant où les cinq représentants du peuple, le ministre, les ambassadeurs français et les personnes de leur suite, livrés à l'Autriche ou arrêtés et détenus par ses ordres, seront rendus à la liberté et parvenus aux limites du territoire de la République, la fille du dernier roi des Français sera remise à la personne que le gouvernement autrichien déléguera pour la recevoir ; et que les autres membres de la famille de Bourbon[23], actuellement en France, pourront aussi sortir du territoire de la République. La Convention nationale charge le Comité de salut public de prendre toutes les mesures pour la notification et l'exécution du présent décret. — La Convention nationale décrète que le rapport sera imprimé, distribué et inséré en entier au *Bulletin*.

En même temps que ces mesures étaient prises pour hâter sa délivrance, Marie-Thérèse voyait le régime du Temple se modifier subitement au point de ressembler plutôt à celui d'une maison de retraite qu'à celui d'une prison.

On s'était empressé de lui remettre des livres, du papier, des crayons, de l'encre de Chine, des pinceaux. Elle avait la permission d'aller et de venir à son gré. Elle faisait de longues promenades dans le jardin ; elle prenait des croquis de la Tour du Temple. La tolérance dont on usait à son égard était si grande, que les abords de l'enceinte du Temple étaient devenus comme un lieu de pèlerinage pour les royalistes de Paris, qui s'ingéniaient de mille façons à rendre leurs hommages à la fille de Louis XVI.

Dans l'enceinte même de l'enclos du Temple se trouvait une maison ovale, appelée la Rotonde, d'où la vue plongeait sur la Tour et sur le jardin. Hue, l'ancien valet de chambre du roi, y avait une chambre :

De mes fenêtres, dit-il dans ses *Mémoires*, je voyais Madame et je pouvais en être aperçu ; elle put même entendre chanter dans cette chambre une romance qui lui annonçait que bientôt les portes de sa prison allaient s'ouvrir :

> Calme-toi, jeune infortunée,
> Bientôt ces portes vont s'ouvrir ;
> Bientôt, de tes fers délivrée,
> D'un ciel pur tu pourras jouir.
> Mais en quittant ce lieu funeste
> Où règne le deuil et l'effroi,
> Souviens-toi du moins qu'il y reste
> Des cœurs toujours dignes de toi.

L'auteur de cette romance était M. Lepitre, officier municipal. C'est là aussi que j'amenais Mlle de Brévannes, pour qu'elle essayât, en faisant de la musique, de distraire cet ange de douceur et de vertu. Mlle de Brévannes a composé à cette occasion la complainte suivante de *la Jeune Prisonnière* (paroles et musique), qu'elle a chantée en cet endroit avec beaucoup d'autres :

> Au fond de cette tour obscure
> Où m'a confiné le malheur,
> Vainement toute la nature
> Me paraît sourde à ma douleur.
> Ah ! cependant des cœurs sensibles,
> Que je sais s'occuper de moi,
> Rendent mes chaînes moins pénibles
> En me prouvant encor leur foi.
>
> L'intérêt, ni la flatterie,
> N'ont point inspiré leurs accents.
> Par eux je fus toujours chérie ;
> Je dois tout à leurs sentiments.
> Oui, seule je les intéresse ;
> Sans l'éclat pompeux des grandeurs,
> Sans récompense ni promesse,
> Je règne à jamais sur leurs cœurs.

On chantait aussi aux fenêtres de la rue de la Corderie, qui longeait l'enclos du Temple du côté de la Tour. Malgré leur sympathie pour la princesse, les deux gardiens Gomin et Lasne crurent devoir se mettre en règle avec le Comité de sûreté générale en lui dénonçant ce petit « complot harmonieux ». Ils lui écrivirent, le 11 août 1795 : « Citoyens représentants, nous avons remarqué aujourd'hui que, des croisées qui ont vue sur le jardin, on a chanté une romance. Ayant cru nous apercevoir que l'on répétait cette romance à la vue de la jeune détenue, nous avons dirigé notre promenade d'un autre côté. Salut et fraternité. »

Le Comité ne paraît pas s'en être ému beaucoup, car trois jours après, le 15 août, fête de Marie-Thérèse, aucun empêchement ne fut mis aux manifestations sympathiques.

C'était hier la fête de Marie-Thérèse, dit l'*Almanach de Bâle* ; on lui a donné un concert dans lequel on a joué les airs les plus touchants et les plus analogues à sa situation : la musique était placée dans un grenier des bâtiments du Temple. Marie-Thérèse a paru dans le jardin, où elle s'est promenée longtemps. Elle a montré qu'elle était sensible à la marque d'intérêt qu'on lui donnait à une époque qui lui fut chère autrefois, mais qui avait dû lui devenir bien triste, depuis qu'elle était devenue l'anniversaire de sa captivité.

Quelques jours plus tard, Gomin était appelé à fournir des explications au Comité de sûreté générale. — « On donne des concerts, lui dit-on. — Citoyens, répondit-il, c'est une actrice qui répète ses rôles. » Cette réponse au Comité, après la dénonciation par lui-même envoyée quelques jours auparavant, prouve que ni le Comité ni lui ne prenaient cette affaire au sérieux. Mais l'éclat imprudemment donné à cette solennité du 15 août avait choqué les susceptibilités de farouches jacobins et donné lieu à des plaintes. Pour les apaiser, le gouvernement avait fait prévenir officieusement Hue qu'un peu plus de discrétion était nécessaire. Mais l'avis certainement n'avait pas été bien sévère, car dans le courant de vendémiaire (fin de septembre), une nouvelle dénonciation était envoyée par un nommé Leblanc, qui formule ainsi les griefs qui l'ont scandalisé :

Il y a environ quatre mois qu'on donne de temps à autre des concerts dans la Rotonde du Temple, en montant par l'escalier n° 4 aux mansardes du quatrième. Le logement était occupé par de braves gens que l'on a très largement payés pour le céder. *Depuis deux décades* ces concerts prétextés se répètent beaucoup plus souvent dans ce lieu. Ce sont des femmes très élégantes et des hommes à nattes retroussées qui s'y rendent pour contempler à loisir la fille de Capet qui, de son côté, ne manque pas d'aller se promener dans le jardin du Temple aussitôt qu'elle est instruite que l'assemblée royaliste est complète. C'est alors que ces partisans de l'ancienne cour lui adressent toutes les protestations de dévouement et de respect pour sa personne royale. Le lieu du concert ne se trouvant pas assez spacieux pour contenir toute cette illustre compagnie, elle se rend aussi en grand nombre dans une maison rue Beaujolais, n° 12, dont les croisées ont également vue sur le jardin du Temple, et là, comme aux mansardes de la Rotonde, se répètent publiquement les mêmes gestes, signaux et marques d'attachement à la fille de Marie-Antoinette… Le 1er vendémiaire, il y eut concert vers les cinq heures du soir, heure à laquelle il commence ordinairement ; ce fut un cours d'adoration et de télégraphie jusqu'à la fin du jour. On a cru y remarquer des personnes attachées à divers spectacles, et depuis l'époque citée, les voitures, qui étaient presque inconnues dans ce quartier, y roulent fréquemment. On compte par approximation une centaine de personnes qui se rendent à la fois dans les endroits ci-dessus désignés ; elles sont successivement et continuellement relevées par d'autres.

Ces divers extraits, empruntés à des témoins d'opinions opposées, étaient intéressants à rapprocher, parce qu'ils reproduisent, sous diverses faces, avec la précision d'instantanés photographiques, la physionomie nouvelle du Temple et font ressortir d'une façon saisissante le contraste des mêmes lieux vus à quelques jours de distance. La vieille Tour sombre, morne, silencieuse, terrible, a pris tout à coup, comme sous les rayons d'une aurore sereine, l'aspect d'un séjour plaisant, presque riant ; l'air et la lumière y pénètrent de toutes parts ; un va-et-vient affairé de fournisseurs et de marchands se fait entendre dans les cours et les escaliers qui ne retentissaient que du pas sinistre des rondes ; les abords sont sillonnés de nombreux équipages. Dans le jardin naguère désert, on voit paraître une jeune princesse, vêtue avec une sobre et charmante élégance. Elle n'a pas autour d'elle un cortège nombreux : rien qui rappelle les pompes de Versailles, ni même les berquinades de Trianon, mais un entourage décent comme celui d'un incognito royal : une dame d'honneur (car on a fini par lui en donner une), une dame de compagnie, et deux ou trois serviteurs empressés à se distinguer par leurs prévenances. La plus grande partie de son temps se passe en récréations douces ; tantôt elle s'assied pour lire ou dessiner, tantôt elle se promène en causant, et répond avec grâce et dignité aux salutations et aux hommages de fidèles attendris et avides d'attirer ses regards.

On reste plongé dans un ébahissement profond à la pensée que la vue des toilettes de nuances variées n'excitait ni indignation ni étonnement chez aucun de ces royalistes fervents qui se disputaient les places aux fenêtres voisines pour contempler la princesse royale. Peut-on expliquer qu'ils n'aient pas été violemment choqués de voir la sœur du dernier roi se dispenser aussi indécemment de porter son deuil ? Et peut-on concevoir qu'un si flagrant oubli des convenances n'ait fait l'objet d'aucune mention ni d'aucune explication dans les écrits des contemporains amis ou ennemis[24] ? Peut-on admettre qu'il n'ait donné lieu à aucune représentation respectueuse de la part des personnes qui furent bientôt admises dans son intimité ?

Car Madame Royale ne resta pas longtemps réduite aux témoignages télégraphiques de sympathie et de dévouement. Elle fut autorisée à recevoir des visites.

La marquise de Tourzel et sa fille Pauline reçurent la permission de venir au Temple trois fois par décade. « La marquise de Soucy, jadis sa sous-gouvernante, était déjà revenue reprendre son service[25]. » L'entrée fut presque aussitôt accordée à Mme de Mackau, à Mlle de Fillé, à Mme Laurent, nourrice de la princesse, à François Hue et à bien d'autres personnes. On voit même figurer parmi celles qui furent admises auprès de la prisonnière une prétendue comtesse Stéphanie-Louise de Bourbon, qu'un certain nombre de biographes considèrent comme une aventurière, et qui reçut un excellent accueil de la fille de Louis XVI[26]. Ce qui est singulier, c'est qu'un choix, dont les motifs paraissent incompréhensibles, présidait à ces autorisations. Une femme respectable et dévouée, Mme de Rambaud, ancienne femme de chambre du Dauphin, qui, des premières, avait sollicité une permission, ne put jamais obtenir ce qu'on accordait si facilement à bien d'autres, dont les antécédents, la situation, les relations, devaient, ce semble, inspirer à plus juste titre ombrage au gouvernement. Là encore il y a un mystère.

Mme de Tourzel était l'ancienne gouvernante des enfants de France. Elle avait succédé dans cette charge à la duchesse de Polignac, à l'époque où, par des intrigues et des manœuvres qui ne pouvaient être un secret pour les hommes du Comité de sûreté générale, on avait provoqué le mouvement d'émigration, dans le but d'éclaircir les rangs des défenseurs de la cour et de remplacer l'ancienne maison du Roi par un personnel moins réfractaire aux vues du parti dont le comte de Provence était le chef occulte. Il serait donc tout naturel de penser qu'un gouvernement prévoyant dût considérer comme particulièrement dangereux de laisser une intimité s'établir entre Mme de Tourzel et la nièce du comte de Provence, au moment où celle-ci allait recouvrer sa liberté. C'est précisément Mme de Tourzel qui obtient les plus larges autorisations. Sans doute, au moins, les Comités se seront assurés qu'il n'existe pas de relations actuelles entre elle et le prétendant ambitieux et remuant dont ils rencontrent les intrigues à chaque pas ; ils auront pris toutes les précautions pour surveiller et empêcher les communications. Rien de pareil n'a été fait ; et l'on est émerveillé de voir avec quelle aisance une correspondance régulière s'établit dès le premier jour entre le Temple et le cabinet de Vérone. Les mémoires de Mme de Tourzel donnent à cet égard des détails intéressants, que Marie-Thérèse eût pu relater et compléter sans se voir « réduite à ne parler que d'elle-même ». Comment expliquer, par exemple, qu'elle n'ait cru devoir rien dire des communications qu'elle reçut de son oncle et de Charette ?

Voici ce qu'on lit dans les Mémoires de Hue :

Je n'indiquai pas moins à madame à l'aide d'un signal qu'elle se rappela que j'étais chargé d'une lettre pour elle ; cette lettre était de Sa Majesté Louis XVIII. Je la fis parvenir dans la tour, et Madame m'envoya sa réponse. Quelques jours après, un des agents que le Roi avait à Paris me remit une lettre du chevalier de Charette pour Madame Royale. La personne à qui je me confiais pour la faire parvenir dans la tour craignant, ainsi que moi, de *compromettre les jours de Madame*, si cette lettre était saisie, je me fais autoriser à faire revivre l'écriture, afin que *Madame ne connût que de vive voix* le contenu de la lettre, que, *pour éviter tout danger, je fus obligé de brûler*…

Que tout cela est bizarre ! Et quelles étranges pensées surgissent !

Les communications du comte de Provence, le prétendant, Sa Majesté Louis XVIII, parviennent sans peine jusqu'à la fille de Louis XVI, et elle y répond ; mais une lettre de Charette ne peut lui être remise sans *compromettre la sûreté de ses jours* ; on ne peut que lui en traduire (plus ou moins exactement) le contenu *de vive voix* ; et pour éviter *tout danger*, il faut *brûler* cette lettre. Que pouvait-elle donc contenir ? Et au profit de quels intérêts s'exerçait cette singulière police ?

Certes un message de cette importance méritait une mention dans les Mémoires de Madame Royale. Elle n'en dit rien cependant. Et ici encore nous voyons Mme de Tourzel se rencontrer avec Marie-Thérèse dans le même accident d'oubli ou le même parti pris de mutisme à propos d'un même fait.

Les Mémoires de Mme de Tourzel nous apportent d'ailleurs bien d'autres sujets d'étonnement.

C'est le 3 septembre, jour d'un lugubre anniversaire, qu'eut lieu la première entrevue de la petite-fille^{sic} de Louis XVI et de son ancienne gouvernante.

L'auteur de l'*Almanach de Bâle*, Michaud, qui écrit, nous le savons, d'après les renseignements fournis par Mme de Chanterenne, la raconte ainsi :

Jeudi dernier (3 septembre), Mme de Tourzel et une de ses filles, M***, dînèrent avec elle (Marie-Thérèse) et y passèrent plusieurs heures. Après le dîner elles se promenèrent toutes trois dans le jardin avec Mme de Chanterenne.

La fille de Louis XVI était au jardin lorsque Mme de Tourzel et madame sa fille y arrivèrent. Avec quel empressement la prisonnière courut à elles, se précipita dans leurs bras, pressa la jeune dame contre son cœur ! Elle avait été la première compagne, la plus tendre amie de son enfance.

Le récit de Mme de Tourzel est un peu différent.

Je demandai à Gauthier[27] (dit-elle) si Madame avait connaissance de toutes les pertes qu'elle avait faites ; il nous dit qu'il n'en savait rien, et nous eûmes tout le long du chemin, du Comité, qui se tenait à l'hôtel de Brienne, jusqu'au Temple, l'inquiétude d'avoir peut-être à lui apprendre qu'elle avait perdu tout ce qui lui restait de plus cher au monde.

En arrivant au Temple, je remis ma permission aux deux gardiens de Madame, et je demandai à voir Mme de Chanterenne en particulier. Elle me dit que Madame était instruite de tous ses malheurs et que nous pouvions entrer. Je la priai de dire à Madame que nous étions à la porte. Je redoutais l'impression que pouvait produire sur cette princesse la vue des deux personnes qui, à son entrée au Temple, accompagnaient ce qu'elle avait de plus cher au monde, et dont elle était réduite à pleurer la perte ; mais heureusement, la sensibilité qu'elle en éprouva n'eut aucune suite fâcheuse. Elle vint à notre rencontre, nous embrassa tendrement, et nous conduisit à sa chambre où nous confondîmes nos larmes sur tous les objets de ses regrets.

S'il fut un jour dans la vie de Marie-Thérèse où son cœur dut s'ouvrir et céder à la pression débordante des épanchements, certes, ce fut celui-là.

On comprend, dit un de ses biographes, combien dut être pathétique l'entrevue de la jeune princesse et de son ancienne gouvernante. Que de choses lugubres elles avaient à se dire ! Si la fille de Louis XVI et de Marie-Antoinette, la nièce de Madame Élisabeth, la sœur de Louis XVII, pouvait raconter à Mme de Tourzel les drames du Temple, Mme de Tourzel pouvait lui raconter ceux de la prison de la Force... Oh ! quelle revue rétrospective ! Que de détails sinistres ! Quel océan de larmes ! Peut-on imaginer confidences plus amères et dialogue plus déchirant [28] ?

Eh bien ! dans cette « revue rétrospective », c'est à peine s'il est question de l'enfant-roi. La seule mention qu'en fasse l'orpheline est pour rappeler les mauvais traitements dont l'accablait Simon et pour retracer l'horrible scène de l'interrogatoire qu'on lui fit subir devant sa sœur et sa tante. Mais des derniers temps de sa vie, des circonstances de sa mort, pas un mot. Pas une confidence, pas une allusion rappelant les émotions ressenties auprès de ces restes si chers, si elle a été admise à les contempler ; ou exprimant son indignation, ses regrets amers au moins, si l'accès de la chambre mortuaire lui a été interdit.

Il est impossible cependant qu'elle n'en ait rien dit à Mme de Tourzel. Comment expliquer que des détails si intéressants et si inoubliables soient passés sous silence par cette dame, après l'avoir été par Madame Royale ?

En revanche, le récit de Mme de Tourzel nous apprend que la question du mariage de Marie-Thérèse fut traitée dès le début des entretiens.

Le lendemain de sa première visite au Temple, elle écrivit, dit-elle, à Louis XVIII pour lui en rendre compte. Elle reçut une réponse par laquelle ce prince la chargeait de pressentir Marie-Thérèse sur le désir qu'il avait de lui faire épouser son neveu, le duc d'Angoulême, fils aîné du comte d'Artois. Ce mariage, assure Mme de Tourzel, s'alliait si bien à l'attachement que la jeune princesse conservait pour sa famille et même pour cette France qui l'avait si mal traitée, qu'elle y était portée d'elle-même.

Un motif bien puissant pour son cœur, ajoute-t-elle, vint encore à l'appui : c'était le vœu bien prononcé du roi son père et de la reine de conclure ce mariage à l'instant de la rentrée des princes ; et je lui rapportai les propres paroles de la reine quand Leurs Majestés me donnèrent la marque de confiance de me parler de leurs projets à cet égard. — On s'est plu, me dit cette princesse, à donner à mes frères des impressions défavorables au sentiment que nous leur portons. Nous leur prouverons le contraire en donnant sur-le-champ la main de ma fille au duc d'Angoulême, malgré sa grande jeunesse, qui aurait pu nous faire désirer d'en retarder le moment.

Marie-Thérèse, dit Mme de Tourzel, écouta cette confidence avec émotion ; elle demanda cependant pourquoi ses parents ne lui avaient jamais parlé de ce projet[29]. « C'était de leur part, répondit-elle, une mesure de prudence, pour ne pas occuper votre imagination de pensées de mariage qui auraient pu nuire à l'application qu'exigeaient vos études. »

Ici il faut se demander si Mme de Tourzel a voulu se moquer de

LE RÉCIT D'UNE SŒUR

ses lecteurs, ou s'il est admissible que la gouvernante des enfants de France, qui vécut dans l'intimité de la famille royale jusqu'au dernier jour de sa liberté, ait été à ce point aveugle et sourde qu'elle ait pu se méprendre sur les sentiments que la triste connaissance des menées perfides de leurs frères avait fini par inspirer à Louis XVI et à Marie-Antoinette.

Dans tous les cas, aujourd'hui qu'une foule de documents ont fait la lumière sur ce point ; aujourd'hui que le caractère de la mission permanente de M. de Breteuil et des missions temporaires confiées à M. de Goguelat et à M. de Jarjayes est connu : que le témoignage de M. Brémond a révélé le secours demandé par Louis XVI au roi George III contre ses frères ; qu'un grand

. nombre de lettres de la Reine indiquent à quel point sa défiance et son ressentiment s'étaient exaltés contre celui qu'elle appelait Caïn, personne ne peut croire à la réalité de ce projet d'alliance.

Si vraiment la Reine avait tenu à Mme de Tourzel les propos rapportés par celle-ci, on serait forcé d'en conclure à une supposition fâcheuse pour la gouvernante des enfants de France, et de croire que Marie-Antoinette en était venue à la soupçonner assez fortement d'être engagée dans le parti du comte de Provence pour avoir conçu le plan d'essayer par son intermédiaire l'effet d'une avance de ce genre sur les beaux-frères émigrés.

Il faut avouer aussi que Madame Royale aurait été satisfaite à bien bon marché par la réponse de Mme de Tourzel à sa question bien naturelle sur le silence gardé vis-à-vis d'elle quant à ce projet matrimonial.

La crainte d'occuper son esprit de pensées propres à la distraire de ses études était certainement un motif de réserve très plausible et raisonnable, mais qui n'avait plus de raison d'être depuis le 3 septembre 1792 et surtout depuis le 21 janvier 1793. Comment admettre, si ce sujet était un « vœu bien prononcé » de Louis XVI et de Marie-Antoinette, que le Roi, avant de partir pour l'échafaud, n'en ait pas dit un mot à sa fille dans ses dernières recommandations ; — que la Reine, alors qu'elle n'avait plus d'illusions sur le sort qui l'attendait elle-même, n'ait pas éprouvé le besoin de faire connaître à Marie-Thérèse les suprêmes intentions de ses parents ; — que Madame Élisabeth, enfin, pendant le temps qu'elle resta seule auprès de l'orpheline, ne lui ait absolument rien dit d'un projet dont, sans aucun doute, elle aurait été instruite avant la gouvernante des enfants de France ?

Il est évident qu'il a fallu d'autres arguments et des considérations d'un ordre différent pour déterminer le consentement de Marie-Thérèse, et qu'en présentant les choses comme elle le fait, Mme de Tourzel se conforme purement et simplement au thème adopté et prescrit par le comte de Provence.

Ce n'est pas ici le lieu de rechercher pour quelles raisons secrètes ce prétendant, dont le plus froid égoïsme était le caractère et dont l'ambition fut toujours l'unique mobile, avait fait de ce projet de mariage une de ses principales affaires. Mais sa correspondance avec les agents diplomatiques qu'il entretenait auprès des différentes cours de l'Europe montre qu'elle l'occupait presque autant que celle de la reconnaissance de son titre royal. Il avait même, pour appuyer ses vues auprès des souverains, imaginé un autre thème, aussi ingénieusement et aussi manifestement faux que le premier : il avait supposé une inclination réciproque conçue de longue date entre les enfants de ses deux frères. Il est assez difficile de croire que ce touchant roman d'amour ait été pris au sérieux par les princes qu'il cherchait à y intéresser, si l'on fait attention que le duc d'Angoulême avait à peine quatorze ans et que Madame Royale n'avait pas onze ans lorsqu'ils s'étaient vus pour la dernière fois. Mais la variété des moyens mis en œuvre montre de quelle importance était le résultat pour les desseins du prétendant.

C'est du reste un des faits les plus remarquables de l'époque et un de ceux qui peuvent suggérer le plus de réflexions, que l'alliance de la fille de Louis XVI était devenue le point de mire de presque tous les ambitieux de haut vol et le pivot de la plupart des combinaisons politiques.

On trouve à cet égard un renseignement bien curieux dans le second volume des *Mémoires de Napoléon* :

Je ne pus me retenir de dire à Cambacérès : « Du moins il fallait garder en France la sœur de cet infortuné : on a commis un coup de bien mauvaise politique en lui rendant la liberté. »

Cambacérès, me regardant finement, répliqua : « Et le moyen de la retenir ici. Ils voulaient *tous l'épouser*, à commencer par feu *Robes-*

pierre. C'est un leurre que *l'on a présenté* successivement à tous ceux qui ont pris de l'influence. *Nous préférâmes qu'elle se mariât à son cousin.* Je sais que dans l'intervalle de son départ au 9 thermidor, on m'est venu parler ainsi qu'à tous mes collègues d'un mariage à conclure entre *le duc d'Orléans actuel* et Madame Royale. Le duc deviendrait président de la République et sa descendance occuperait à perpétuité la présidence. »

— Quoi ! m'écriai-je, le fils d'un des bourreaux aurait épousé la fille de deux des victimes ?

— Oui.

— Et elle consentait ?

— On n'avait pas encore pris son avis, mais on se flattait de l'y déterminer. La proposition venait des intimes du duc d'Orléans ; il promettait par lettre d'accepter toutes les conditions qu'on lui imposerait ; il mettait de son côté pour clause unique son mariage avec Madame Royale.

— Et cette lettre, qui la possédait ?

— Fouché.

L'exactitude de cette conversation, quant au fond du moins, ne peut guère être mise en doute, en raison de ce que le rédacteur de ces *Mémoires de Napoléon*, Lamothe-Langon, avait été des intimes de Cambacérès.

En ce qui concerne d'ailleurs l'audacieuse prétention de Robespierre, il y a nombre d'autres témoignages. Fabre de l'Aude, dans son *Histoire secrète du Directoire*, en parle comme d'un fait avéré : il dit que Vaughan avait été l'instigateur de ce projet et avait promis de le favoriser. Barère l'a dénoncé à la tribune de la Convention. Enfin, dans les mémoires de Madame Royale elle-même, il est impossible de n'être pas frappé de la réserve singulière avec laquelle elle raconte une visite que lui fit « en grand secret » Robespierre et « les regards insolents » qu'il porta sur elle, et de l'affectation qu'elle met à ne pas l'avoir reconnu.

On ne peut douter non plus du plan conçu par le duc d'Orléans.

D'autre part, personne n'ignore que la cour de Vienne caressa assez longtemps le dessein de la marier à un archiduc, pour faire valoir ensuite des droits sur la Navarre, comme non assujettie à la loi salique, et accepter au besoin une compensation territoriale sur les frontières de l'Est.

Voilà pour les combinaisons matrimoniales. Mais il y en eût d'autres. La dernière dont on trouve la trace fut même postérieure à la mise en liberté de Madame Royale.

Mounier tenait de M. de Semonville que son gendre, le général Joubert, n'était républicain ni de goût, ni d'instincts. Il avait du courage, de l'esprit et de la résolution, et était parti pour Novi, où il mourut en combattant Souwarow, le plan d'un 18 brumaire tout arrêté. Voici quel était ce plan :

Le Directoire chassé, on convoquait tous les membres de l'Assemblée constituante encore vivants et on appelait à la couronne Madame, afin de faire une dynastie sans entrer dans une contre-révolution par le comte de Provence et le comte d'Artois.

Ce plan avait été concerté avec Azara, le seul étranger qui fût dans la confidence. Son exécution exigeait une victoire et un armistice.

Dans l'opinion de Semonville, tout réussissait sans la mort de Joubert[30].

La duchesse d'Abrantès déclare avoir lu le passage des Mémoires (inédits) de d'Azara, où il est question de ce projet, et ajoute qu'en ce qui concerne la participation de Joubert, elle en répond « sur sa conscience ».

On voit quelles intrigues s'agitaient pour accaparer cette orpheline, qui — chose bizarre — semblait à tous les partis tenir dans sa main la clé du pouvoir, alors que l'abolition du principe de la légitimité laissait la route libre à toutes les ambitions et que, dans le système d'un retour à la loi d'hérédité, l'ordre de succession appelait apparemment le comte de Provence au trône. Et, ce qui est plus étrange que tout, c'est que chez le comte de Provence lui-même, ce prétendant à la succession salique, on trouve si accusée cette préoccupation de s'assurer on ne sait quel appui de ce côté.

Quand on suit de près tous les faits qui se succèdent, il devient manifeste que Mme de Tourzel ne venait pas au Temple poussée seulement par le louable désir de porter des consolations à l'orpheline, mais par l'obligation d'y remplir une mission politique : mission connue et favorisée par les membres les plus influents et les plus actifs du gouvernement thermidorien.

Fabre de l'Aude donne sur les délibérations secrètes des comités des renseignements qui, quoique moins précis, concordent remarquablement avec le passage des *Mémoires de Napoléon* cité plus haut. Il nous apprend que la Convention, « prévoyant que le mariage de la fille de Louis XVI avec un prince étranger ou avec le duc d'Angoulême procurerait à son mari une influence dangereuse à la chose publique, hésitait à se dessaisir d'un otage de cette importance », mais que « ceux des membres du comité que son sort touchait particulièrement, Boissy d'Anglas, Lanjuinais, Cambacérès et P..., s'adressèrent sous main au comité royaliste, lui firent connaître l'état de la question et lui conseillèrent de faire faire une démarche par l'Autriche, qui, quoique en guerre avec nous, a néanmoins des rapports avec la République pour le cartel des prisonniers ». Il ajoute que l'empereur d'Autriche manifesta immédiatement l'intention d'agir dans ce sens, mais que M. de Thugut ne voulait pas d'abord en entendre parler et ne s'y décida que « parce qu'on lui fit apercevoir le parti que l'Autriche pourrait tirer d'un mariage de Madame Royale avec un archiduc ». Il donne encore ce détail intéressant que des démarches étaient faites à ce moment dans le même sens par le comte de Provence auprès du cabinet de Vienne[31].

Ces dernières révélations n'étaient pas nécessaires pour rendre évident que Boissy d'Anglas, Lanjuinais, Cambacérès et P... — et quelques autres encore — faisaient à cette époque le jeu de Monsieur de Provence et pour donner toute sa signification au mot de Cambacérès : « *Nous préférâmes* qu'elle se mariât à son cousin. »

« Lors du 13 vendémiaire, dit encore Fabre, l'échange était près d'avoir lieu ; les événements de cette journée le retardèrent quelque peu. » Ils devaient aussi retarder considérablement la restauration à laquelle ces bons apôtres prêtaient alors si charitablement leurs bons offices.

Pour refouler le mouvement nettement contre-révolutionnaire, et au fond royaliste, qu'avaient soulevé les derniers décrets et qui avait fait prendre les armes à toutes les sections de Paris sauf une seule, la Convention n'avait pas hésité à recourir aux moyens grâce auxquels elle avait établi son pouvoir tyrannique. Elle avait armé pour sa défense les hordes qui avaient fait les journées de septembre. Les généraux, les uns après les autres, refusaient de se mettre à la tête de ces bandes[32]. Bonaparte, qui, par l'âpre désir de parvenir, ne reculait ni devant la bassesse d'aucune compromission, ni devant l'odieux d'aucune besogne, s'était chargé de la répression, et, sans scrupules d'aucune sorte, l'avait faite impitoyable et sanglante. La Convention était condamnée à finir dans le sang comme elle avait commencé.

Paris atterré crut voir s'ouvrir une nouvelle Terreur. « La frayeur et la stupeur, dit Mme de Tourzel, prirent alors la place de l'espérance ; les soldats insultaient les passants, et chacun frémissait des suites que pourrait avoir cette cruelle journée. »

Pour la prisonnière du Temple et pour tous ceux qui s'intéressaient sincèrement à son sort, il y eut une période d'inquiétude d'autant plus justifiée que le Directoire se crut obligé de signaler son installation par une recrudescence de sévérité envers les royalistes. De nombreuses arrestations furent opérées parmi les agents du parti ; l'un d'eux, Lemaître, fut condamné à mort le 17 brumaire (8 novembre) et exécuté. Ce jour-là même, Mme de Tourzel fut arrêtée ; mais une protection secrète la couvrait évidemment[33] ; elle fut relâchée après trois jours de mise au secret. Seulement, l'entrée du Temple lui fut désormais interdite. Les investigations judiciaires furent poursuivies jusque dans l'intérieur du Temple ; Marie-Thérèse et Mme de Chanterenne furent soumises à un interrogatoire (19 brumaire, 10 novembre) qui ne fit relever aucunes charges contre elles ; mais les consignes furent rétablies avec plus de rigueur ; Mme de Chanterenne se vit condamnée à ne plus sortir et à ne plus communiquer avec sa famille.

Il y a toute apparence cependant que ces mesures ne furent guère ordonnées que pour la forme[34]. En réalité, le régime de Marie-Thérèse ne fut pas sensiblement modifié, car voici ce que mentionne l'*Almanach de Bâle* à la date du 15 novembre :

Marie-Thérèse a la liberté de se promener dans les cours du Temple. Deux commissaires veillent toujours auprès d'elle ; *ils ne l'approchent que le chapeau bas*, et ils la traitent avec le respect qu'inspire le souvenir de ce qu'elle fut et le triste spectacle de ce qu'elle est aujourd'hui. Plusieurs personnes viennent *tous les jours la voir, et elle ne dîne presque jamais seule.*

Le Directoire tenait cependant à faire parade de zèle anti-monarchique.

Est-ce à cette préoccupation qu'il faut attribuer l'éclat avec lequel fut signifié à l'ambassadeur de Toscane l'ordre de sortir du territoire français ; ou doit-on croire que ce renvoi fut motivé par la crainte qu'il n'agît contre la combinaison matrimoniale que *préféraient* les gouvernants ? La seconde hypothèse est la plus probable, car, en vérité, sans une raison de ce genre, on n'aperçoit guère la gravité de l'acte qui détermina le gouvernement à une mesure aussi inusitée.

Le comte Carletti, « homme de peu de cervelle », dit un écrivain contemporain, avait fait montre d'un grand enthousiasme pour les principes de la Révolution et avait eu un duel avec lord Windham qui l'avait traité de jacobin. La célébrité qu'il s'était ainsi acquise l'avait fait choisir par le grand-duc de Toscane, qui s'était imaginé ne pouvoir trouver un meilleur représentant auprès de la République. Il avait reçu en effet un excellent accueil à Paris et était traité par les gouvernants tout à fait comme *persona grata*. On ne s'explique guère qu'il ait perdu d'un seul coup le bénéfice de cette situation et ait encouru la rigueur d'une expulsion immédiate, par l'unique fait d'avoir sollicité l'autorisation de présenter à Madame Royale, avant son départ, ses hommages comme ministre d'un souverain avec lequel elle avait des liens de parenté. Le Directoire mena autant de bruit de cette affaire que s'il avait sauvé la République.

Les négociations relatives à l'échange n'en avaient pas moins été poursuivies sans interruption et avaient fini par aboutir. Le 27 novembre, le Directoire avait rendu l'arrêté suivant :

> Les ministres de l'intérieur et des relations extérieures sont chargés de prendre les mesures nécessaires pour accélérer l'échange de la fille du dernier roi contre les citoyens Camus et Quinette et autres députés ou agents de la République, et de nommer pour accompagner la fille du dernier roi un officier de gendarmerie décent et convenable à cette fonction ; de lui donner pour l'accompagner celle des personnes attachées à son éducation qu'elle aime davantage.

Le lendemain même, le ministre de l'intérieur, Benezech, se présentait au Temple pour faire part à Marie-Thérèse de cet arrêté. Il la priait de désigner les personnes qu'elle désirait avoir pour l'accompagner et lui offrait toutes les facilités pour commander les toilettes qu'elle voudrait emporter.

Benezech se montra, non seulement plein d'égards, mais plein de prévenances. On peut juger de ce que dut être son entretien avec Madame Royale par ce que raconte Hue de la conversation que lui-même eut avec ce ministre républicain.

M. Benezech, dit-il, m'avait parlé avec attendrissement du sort de la jeune princesse, qu'il n'appelait que du nom de *Madame Royale*. S'apercevant que je le fixais d'un regard étonné : « Ce nouveau costume, me dit-il, n'est que mon masque. Je vais même vous révéler une de mes plus secrètes pensées : la France ne recouvrera sa tranquillité que le jour où elle reprendra son antique gouvernement. Ainsi donc, lorsque vous le pourrez sans me compromettre, mettez aux pieds du roi l'offre de mes services ; *assurez Sa Majesté de tout mon zèle à soigner les intérêts de sa couronne.*

Ces offres de service de Benezech peuvent passer pour un commentaire pratique du mot de Cambacérès. Elles font comprendre pourquoi les gouvernements préféraient à toute autre combinaison matrimoniale celle qui s'accommodait aux plans du comte de Provence.

Un fait assez curieux montre quels soins le gouvernement prenait à cet égard, et laisse en même temps entrevoir l'enchevêtrement d'intrigues auxquelles donnait lieu cette question de mariage. Marie-Thérèse avait répondu à l'invitation de Benezech en désignant pour l'accompagner Mme de Tourzel, Mme de Mackau et Mme de Serent. Mme de Tourzel fut exclue, ainsi que Mme de Serent. Et la raison de cette exclusion fut « que le Directoire craignait qu'elles ne fussent pas assez favorables à l'alliance avec le duc d'Angoulême[35] ». Pour Mme de Serent, ancienne dame d'atours de Madame Élisabeth, la crainte paraît tout naturellement fondée. Il est fort à croire, en effet, que dans l'intimité de la sœur de Louis XVI elle avait reçu des impressions la préparant mal à accueillir et à soutenir auprès de l'orpheline la fable du « vœu bien prononcé » du Roi et de la Reine. La défiance à l'égard de Mme de Tourzel s'explique plus difficilement.

Faut-il croire qu'il y eut des hésitations et des intermittences dans le zèle qu'elle-même assure avoir déployé pour persuader Marie-Thérèse ?

En définitive, ce fut Mme de Soucy qui fut désignée, à la place de Mme de Mackau, sa mère, que son âge et sa santé empêchaient d'entreprendre ce long voyage.

Tous les préparatifs étaient achevés. Le 16 décembre, Marie-Thérèse recevait une nouvelle visite de Benezech, qui venait lui annoncer que son départ était fixé au 18 à onze heures du soir. Dans son zèle fervent, le ministre avait fait une proposition qui paraît, au premier abord, bien singulière pour l'époque, mais qui révèle mieux que tout quelle était à ce moment la véritable disposition des esprits. Cette proposition consistait à lui donner pour faire la route une calèche attelée de huit chevaux, où les populations auraient pu la contempler entourée des personnes de sa suite. Cet apparat n'avait pas été du goût du Directoire, qui avait décidé que le voyage se ferait dans le plus strict incognito possible et que, pour prévenir toute manifestation, le départ aurait lieu la nuit.

Le 18 décembre, à onze heures du soir, le ministre de l'intérieur, Benezech, se rend seul et à pied au Temple. Toutes les précautions sont prises pour ne pas attirer l'attention. Il a laissé sa voiture à quelque distance de là, rue Meslay. Il remet aux gardiens une expédition de l'arrêté du Directoire et une décharge en ces termes : « Le ministre de l'intérieur déclare que les citoyens Gomin et Lasne, commissaires préposés à la garde du Temple, lui ont remis Marie-Thérèse-Charlotte, fille du dernier roi, jouissant d'une parfaite santé, laquelle remise a été faite aujourd'hui à onze heures du soir, déclarant que lesdits commissaires sont bien et dûment déchargés de la garde de ladite Marie-Thérèse-Charlotte.

» *Signé :* BENEZECH.

» Paris, ce 27 frimaire an IV de la République une et indivisible. »

Marie-Thérèse, qui l'attendait, ayant auprès d'elle Gomin, prend le bras du ministre qui la fait sortir par la rue de la Corderie et la conduit jusqu'à sa voiture, où il monte avec elle et Gomin. On se rend ainsi rue de Bondy, où stationne une berline de voyage sur le devant de laquelle sont déjà Mme de Soucy et l'officier de gendarmerie Méchain. La princesse y prend place après avoir remercié Benezech, et fait monter après elle Gomin, qui est devenu son homme de confiance et qu'elle emmène pour l'accompagner.

Benezech tire sa montre. Il est minuit. C'est le 19 décembre 1795 qui commence. Ce jour-là, la fille de Louis XVI et de Marie-Antoinette, née à Versailles le 19 décembre 1778, entre dans sa dix-huitième année.

La jeune princesse voyage incognito sous le nom de Sophie. Les instructions données par le gouvernement à l'officier de gendarmerie, Méchain, sont de conduire à Huningue deux femmes et un homme (Marie-Thérèse, Mme de Soucy et Gomin) ; l'une de ces femmes doit passer pour sa fille ; l'autre pour son épouse ; l'homme pour son serviteur de confiance. Il a ordre que personne ne leur parle en particulier. Il doit surtout s'occuper de la plus jeune des deux femmes, désignée sous le nom de Sophie, et veiller sur tout ce qui pourrait intéresser sa santé[36].

Le voyage, qui dura six jours de Paris à la frontière, ne fut marqué par aucun incident important.

Marie-Thérèse en a écrit le récit.

Ainsi, nous avons d'elle : la relation du voyage de Varennes ; — la relation des événements arrivés au Temple du 13 août 1792 au 8 juin 1795 ; — la relation de son voyage de Paris à Vienne. Elle a tenu à consigner le souvenir de tous les événements auxquels elle a été mêlée et dont elle a été le témoin pendant la Révolution. Il n'y a que la période du 8 juin au 19 décembre 1795 sur laquelle il paraît qu'elle ne pouvait rien dire !

À Huningue, où elle arriva le 24 à la chute du jour, elle fut rejointe par François Hue, qui était parti de Paris une heure après elle, avec le fils de Mme de Soucy, deux employés du Temple, Meunier et Baron, et une femme de chambre.

Ce fut là qu'elle remit à Hue une lettre qu'elle écrivait à son oncle Louis XVIII, en le chargeant de la lui faire parvenir.

Cette lettre a été maintes fois citée comme un monument d'admirable magnanimité ; on l'a offerte en fac-similé^sic à la vénération des royalistes, qui l'ont encadrée à côté du testament du Roi-martyr.

Qui ne conserverait — s'écrie Hue — un éternel souvenir des sentiments que cette princesse manifestait à Sa Majesté, en implorant sa clémence en faveur des Français et même des meurtriers de sa famille par ces expressions : « Oui, mon oncle, c'est celle dont ils ont fait périr le père, la mère et la tante, qui à genoux vous demande et leur grâce et la paix. »

Mais qui, plutôt, ne serait saisi d'une sorte de stupeur, en constatant que dans l'énumération des victimes il n'est pas question de son frère ?

Ils ne l'ont donc pas fait périr ? Il n'a donc pas succombé aux mauvais traitements ? Ou bien la fille de Louis XVI, qui adresse cette supplique miséricordieuse à Louis XVIII, a-t-elle oublié qu'un enfant qui était son frère a porté le nom de Louis XVII ?

Cette monstrueuse omission donne toute sa valeur à ce phénomène, unique sans doute, de l'enchaînement dans l'incohérence.

Mais, comme l'absurde ne peut régir toute une série de faits concordants, il reste à déterminer la raison secrète qui, nécessairement, les relie. Faut-il chercher la solution du problème dans l'ordre psychologique ? Ou peut-on en trouver une explication historique ?

Notes

1. Arch. nat., F 7, 4391.
2. Voir « Le Cachet de Louis XVI ».
3. Voici les termes de ce billet :

« Ce voyage, malgré mon chagrin, m'a paru agréable par la présence d'un être sensible et bon dont la bonté dès longtemps m'était connue, mais qui en a fait les dernières preuves en ce voyage par la manière dont il s'est comporté à mon égard, par la manière active de me servir, quoique assurément il ne dût pas y être accoutumé. On ne peut l'attribuer qu'à son zèle. Il y a longtemps que je le connais, cette dernière preuve n'était pas nécessaire pour qu'il eût toute mon estime ; mais il l'a encore davantage depuis ces derniers moments. Je ne peux dire davantage ; mon cœur sent fortement tout ce qu'il doit sentir, mais je n'ai pas de paroles pour l'exprimer. Je finis cependant par le conjurer de ne pas trop s'affliger, d'avoir du courage ; je ne lui demande pas de penser à moi, je suis sûre qu'il le fera et je lui réponds d'en faire autant de mon côté. »

4.   Édition de 1825, Paris, Baudouin frères, pp. 247, 248, 252, 254. — Il est à remarquer que, à l'époque du service de Laurent et des visites du Comité, les parents dont Madame Royale ignorait la mort étaient la Reine et Madame Élisabeth : l'expression qu'elle emploie exclut donc son frère. Au contraire, le vœu d'être réunie à ses parents défunts est évidemment formulé alors qu'elle n'ignore plus aucune de ses pertes : elle exclut donc encore son frère. Ses préoccupations familiales vont jusqu'à ses grand'tantes : elle y pense sans cesse. Il n'y a qu'à son frère qu'elle ne pense pas.

5.   M. Imbert de Saint-Amand, La Jeunesse de la duchesse d'Angoulême.

6.   M. Imbert de Saint-Amand pourrait dire qu'il l'a pris dans Nettement (qui ne dit pas d'où il le tient). On peut s'étonner que l'invraisemblance criante du récit ne l'ait pas arrêté, surtout quand on constate qu'il a reculé devant l'aggravation que les derniers mots du récit de Nettement apportent à cette invraisemblance : « Après avoir donné ce papier, elle détourna la tête et se remit à lire. » Cela faisait vraiment de Maximilien Robespierre un personnage un peu trop débonnaire et un courtisan à l'échine trop souple.

7.   Pour donner la mesure de la liberté avec laquelle certains écrivains, soit par parti pris, soit par fantaisie, travestissent l'histoire, il est bon de mettre en regard du récit précédent celui que Madame Royale elle-même, dans sa Relation, a laissé de la visite de Robespierre : « Il vint un jour un homme, je crois que c'était Robespierre ; les municipaux avaient beaucoup de respect pour lui. Sa visite fut un secret pour les gens de la tour, qui ne surent pas qui il était, ou qui ne voulurent pas me le dire. Il me regarda insolemment, jeta les yeux sur les livres et après avoir cherché avec les municipaux, il s'en alla. »

8.   Il paraît que ce Delboy avait exprimé l'opinion qu'on ne devait pas laisser les deux enfants privés de toute communication entre eux.

9.   Il s'agit d'un membre du Conseil nommé Cressent, qui fut

en effet exclu du Conseil et renvoyé à la police pour s'être permis de plaindre le petit Capet : cette décision est du 7 germinal an II (27 mars 1794). Après cette date, Madame Royale, s'il faut s'en rapporter à son affirmation, n'aurait donc fait aucune sollicitation en faveur de son frère. Cette constatation peut avoir son importance.

10.   Rapport fait à la Convention par Sevestre au nom du Comité de sûreté générale, séance du 21 prairial (9 juin) :

« Citoyens, depuis quelque temps le fils de Capet était incommodé par une enflure au genou droit et au poignet gauche ; le 15 floréal, les douleurs augmentèrent, le malade perdit l'appétit et la fièvre survint. Le fameux Desault, officier de santé, fut nommé pour le voir et pour le traiter ; ses talents et sa probité nous répondaient que rien ne manquerait aux soins qui sont dus à l'humanité. Cependant la maladie prenait des caractères très graves. Le 16 de ce mois, Desault mourut ; le Comité nomma pour le remplacer le citoyen Pelletan, officier de santé très connu, et le citoyen Dumangin, premier médecin de l'hospice de santé, qui lui fut adjoint. Leur bulletin d'hier à onze heures du matin annonçait des symptômes inquiétants pour la vie du malade, et à deux heures un quart après-midi, nous avons reçu la nouvelle de la mort du fils de Capet… »

L'autopsie eut lieu le 21 prairial (9 juin), à onze heures du matin.

11.   Madame Royale n'était pas mieux informée de l'heure que du jour. La nouvelle de la mort était apportée au Comité de sûreté générale à deux heures un quart. Étrange insouciance ! l'erreur n'a été corrigée dans aucune des éditions.

12.   Un panégyriste s'est chargé de paraphraser cette thèse : « Quand Madame Royale apprit cette mort, il lui sembla qu'elle perdait encore une fois, dans la personne de son frère, tous ceux qu'elle avait perdus. L'histoire du Temple, que nous venons de résumer en la terminant, se résuma aussi dans son âme. Toutes les plaies de son cœur se rouvrirent, et dans ce seul deuil elle repleura tous les deuils qu'elle avait eu à porter. Le dernier cri de la Passion : « Tout est consommé » lui échappe et vient retentir dans son journal, qui se termine par ces douloureuses paroles : « Telles ont été la vie et la fin de mes malheureux parents, pendant leur séjour au Temple et dans les autres prisons. » C'est ainsi que Marie-Thérèse clôt le journal du Temple ; ce monument précieux de ses sentiments et de ses pensées va nous manquer désormais. Elle n'a plus à parler que

d'elle-même, la plume lui tombe des mains ; elle renonce à écrire… » (A. Nettement, Vie de Marie-Thérèse de France, p. 193.)

Quelle plaisanterie ! Ce deuil, dans lequel elle repleure tous ses deuils, elle ne le porte pas ! — Elle n'aurait plus à parler que d'elle-même. Mais elle aurait au moins à parler de son frère. — Elle renonce à écrire. Mais c'est pour reprendre la plume précisément quand elle n'aura plus à parler que d'elle-même, pour raconter son voyage de Paris à Vienne.

13. Arrêté du Comité de sûreté générale du 2 messidor an III.

D'après les « renseignements » fournis au Comité, le citoyen Chanterenne était « chargé en chef d'un détail de confiance à la Commission administrative de police ».

Et d'après une note reproduite dans les journaux de l'époque, Mme de Chanterenne elle-même aurait été autrefois femme de chambre de Marie-Antoinette.

14. M. Imbert de Saint-Amand, La Jeunesse de la duchesse d'Angoulême.

15. Un des griefs qu'elle reproche à Simon est d'avoir empêché le Dauphin de porter le deuil de son père. « Avant son départ, dit-elle (le départ de la Reine), on était venu chercher les habits de mon frère. Elle avait dit qu'elle espérait qu'il ne quitterait pas le deuil, mais la première chose que fit Simon fut de lui ôter son habit noir. » (Relation, p. 227.)

16. Commune de Paris. Séance du mercredi 23 janvier 1793.

« Le Conseil général entend la lecture d'un arrêté du Conseil du Temple, qui renvoie au Conseil général à statuer sur deux demandes faites par Marie-Antoinette. La première d'un habillement de deuil très simple pour elle, sa sœur et ses enfants. Le Conseil général arrête qu'il sera fait droit à cette demande. Sur la seconde, à ce que Cléry soit placé auprès de son fils, comme il l'était primitivement, le Conseil général prononce l'ajournement. »

Les vêtements de deuil furent accordés le 23 janvier, comme on le voit ; dès le 27, on en porta une partie au Temple. Les mémoires en sont conservés aux Archives (carton E, n° 6208).

17. La Commission de secours publics.

« Du 2 messidor de l'an III de la République française une et indivisible (20 juin 1795).

» Le Comité de sûreté générale : Vu les différents rapports faits par les commissaires préposés à la garde du Temple sur les objets dont la fille de Louis Capet pourrait avoir besoin, le Comité de sûreté générale arrête que la Commission des secours demeure chargée de procurer à la fille de Louis Capet les objets qu'elle a demandés pour sa nourriture et son entretien, et il lui sera également fourni des livres pour son usage.

» La même Commission rendra compte tous les mois de ce qu'elle aura fait en exécution du présent arrêté et de ceux relatifs aux personnes détenues au Temple. »

18. Ces détails étaient donnés dans les mêmes termes aux journaux royalistes de province. Voici un extrait de la correspondance envoyée de Paris à un journal de Toulouse, l'Anti-Terroriste, numéro du samedi 26 septembre 1795, 4 vendémiaire an IV : « Marie-Thérèse-Charlotte n'ignore plus les malheurs de sa famille ; elle passe presque tous ses instants à lire et à écrire pour se distraire de ses chagrins. Elle est tous les jours en robe de nankin ; tous les dimanches, elle se met en robe de linon, et toutes les fêtes solennelles elle se pare d'une robe de taffetas vert. Les dames de Tourzellesic y vont trois fois… »

19. On dirait que ce qui est décent est d'avoir quitté le deuil au moment où il semble qu'elle dût le reprendre.

20. Il est bien évident qu'une attention aussi scrupuleuse lui faisait un devoir, après avoir corrigé la première partie de la citation, d'en supprimer la fin où il est question de la gaîté que Marie-Thérèse fait paraître. Il fallait cacher ce mot qu'on ne saurait souffrir.

21. On sait à quel point Gomin était dévoué à Madame Royale. Quant à l'auteur de l'Almanach de Bâle, Michaud, plus tard rédacteur de la Quotidienne, son dévouement n'est pas plus douteux ; et, pour ce qui est de la valeur de ses informations, il nous apprend qu'il écrit d'après des renseignements fournis par le mari et la sœur de Mme de Chanterenne.

22. Le fait du deuil non porté n'a pas absolument échappé à tous les historiens. Nettement dit que, quelques semaines après son arrivée à Vienne en 1796, Madame Royale prit le deuil « qu'elle n'avait pu porter dans sa prison ». En présence des documents officiels qui constatent les prévenances du gouvernement pour offrir à Marie-

Thérèse tout ce qu'elle pouvait souhaiter, conçoit-on qu'un écrivain réputé sérieux traite les faits avec autant de légèreté ou autant de parti pris ?

23. Comme on le voit, le ton même est changé. Il n'est plus question de la famille Capet, mais de la famille de Bourbon.

24. Les royalistes dans la France entière ne montrèrent pas plus d'étonnement. On trouve dans l'Anti-terroriste (de Toulouse), numéro du 26 septembre 1795, le bulletin suivant, envoyé de Paris (par la correspondance royaliste) : « Marie-Thérèse-Charlotte n'ignore plus les malheurs de sa famille… Elle est tous les jours en robe de nankin, tous les dimanches elle se met en robe de linon, et toutes les fêtes solennelles elle se pare d'une robe de taffetas vert… » Cela était accepté partout. Étrange ! étrange !

25. C'est Fabre de l'Aude (certainement bien informé) qui donne ce renseignement (Histoire secrète du Directoire, t. I, p. 193). Les correspondances royalistes envoyées aux journaux de province parlent aussi de deux personnes placées auprès de Marie-Thérèse.

26. Cette mystérieuse personne se disait fille du prince de Conti et de la duchesse de Mazarin et prenait le nom de comtesse de Mont-Cair-Zain, anagramme de Conti et de Mazarin. Elle se faisait appeler aussi Stéphanie-Louise de Bourbon. Il est généralement admis qu'elle ne fut qu'une intrigante. Quoique certains faits soient de nature à laisser quelques doutes à cet égard, il est fort étonnant que, dans dans sa situation contestée, elle ait obtenu des gouvernants l'entrée au Temple et de Marie-Thérèse un accueil empressé. — Il n'est pas indifférent de noter que cette énigmatique personne était alors, et resta la protégée et la pensionnaire du comte de Provence.

27. Gauthier (de l'Ain) était membre du Comité de sûreté générale et était chargé du département de la police. Il paraît certain que Mme de Tourzel avait des titres quelconques à sa protection particulière.

28. M. Imbert de Saint-Amand, La Jeunesse de la duchesse d'Angoulême, p. 136.

29. S'il fallait en croire un autre écrivain, des plus dévoués à la cause de la Restauration, cette demande de Marie-Thérèse ne se comprendrait pas. Les fiançailles auraient eu lieu dès 1787. Voici ce qu'il raconte : « Quoique Madame Royale n'eût encore que neuf

ans, son mariage avec M. le duc d'Angoulême, son cousin, avait déjà été arrêté. L'entrevue eut lieu avec pompe à Versailles, les paroles furent données, et il fut décidé que le mariage se ferait dès que le jeune prince aurait atteint l'âge fixé par les lois de la monarchie. » (Nettement, ib., p. 52.)

Le zèle des écrivains de cette école est remarquable. Chacun d'eux sait trouver une version complaisante ; malheureusement ces versions se contredisent entre elles.

30.   Comte d'Hérisson, Le Cabinet noir, p. 224.

31.   Montgaillard avait été en effet chargé par le comte de Provence de négociations relatives à cette question auprès de la cour de Vienne, mais il paraît qu'il n'avait pas réussi. Il serait bien intéressant de savoir quelle était la combinaison pour laquelle il avait mandat : ce n'était évidemment pas celle de décider M. de Thugut. Pour enlever son consentement, le zèle de quelques royalistes avait dépassé les intentions de M. de Provence et de ses affidés dans le gouvernement. Quant à lui, il est bien certain que si sa nièce ne devait pas servir ses projets, il préférait la voir en prison.

32.   V. Fabre de l'Aude, Michelet, etc.

33.   Voir Michelet, note.

34.   Beauchesne rapporte que Mme de Chanterenne ayant réclamé contre l'arrêté qui la concernait, « le ministre ne répondit pas par écrit, mais il fit rassurer secrètement Mme de Chanterenne, qui se calma, et attendit sans défiance l'avenir meilleur et prochain qui était annoncé. Elle rendit justice au caractère de M. Benezech, et ne craignit pas de s'adresser à lui dans une autre occasion ».

35.   Voir à cet égard l'Histoire secrète du Directoire. Fabre, de l'Aude, était en situation d'être parfaitement renseigné.

36.   M. Imbert de Saint-Amand, La Jeunesse de la duchesse d'Angoulême.

ISBN : 978-3-96787-117-3

Milton Keynes UK
Ingram Content Group UK Ltd.
UKHW011825151223
434437UK00007B/386